為什麼古老故事如夢魘般讓我受苦？

廢人心理學三部曲 ●●●

【第三部】廢人與迷惘

蔡榮裕———著

目　錄

「魯冰花謝了，留下一粒粒種籽，明年又會開
出一片黃色花朵點綴人間；而在這一開一謝之
間，使茶園得到肥份。然而人世間可貴的天才
之花謝了，到底會留下一點甚麼呢？他迷惘
了……。」

── 摘自鍾肇政小說《魯冰花》

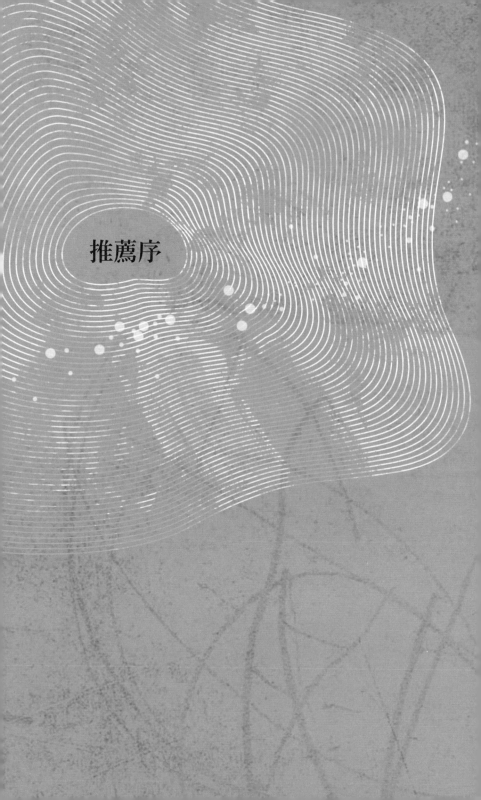

推薦序

李俊毅

誰比自戀的敵人更自戀？

「X醫師，我來這裡之前有打電話給我媽媽，這樣我會覺得好一點。或是治療結束之後，回去馬上打電話給媽媽，我覺得這樣才公平。」個案來心理治療何必稟告媽媽呢？過世二十年的爸爸早早在外頭另組一個家庭，回家的時間很短，每次個案靠爸爸太近，媽媽就會生氣，連當年爸爸癌末住院時，個案在病榻照顧他，媽媽也吃醋。媽媽告訴個案，有她就好，不要依賴心理治療師。

這是一種「父系移情」(paternal transference)，心理治療工作者應該不難懂，可以想像個案過去幾年掙扎在伊底帕斯情結困境中而進入治療室。如同蔡醫師所言，當年朵拉分析工作的失敗，是因為佛洛伊德忽略移情的分析，這是心理治療工作者耳熟能詳的一段歷史，即使佛洛伊德在半知半覺的狀態下，確立移情與移情詮釋的重要性，一百年後，我們在熟知理論與技術的情況下，處理這類問題並沒有比較輕鬆，這是怎麼一回事？

蔡醫師這本書的重點之一在於闡明理論與實作永遠有一道鴻溝，百年來臨床實務技術的修正，解決了某

些問題，但也看到了其他問題。蔡醫師點出一個臨床工作者的普遍認知，那就是對負向移情詮釋的共識度比正向移情高出許多，因為前者對於治療架構有巨大的破壞性，必須儘早處理。對於正向移情的處理，蔡醫師是這麼說的：「正向移情只要觀察注意它就好，不要去詮釋它，因為那就見光死，讓原本是治療過程的重要推動力，因此而渙散。」這個原則算是圈內共識，然而，假如治療師被極度理想化呢？這顯然是個案內在客體經過「深度分化」(deep splitting)後，外化到治療師身上的結果。我記得蔡醫師在一次研討會中，強調克萊恩眼中這個客體是以「理想化客體」(idealized object)呈現出來的，這時治療師的處境無異於被綁架在診療椅上或說是釘在十字架上動彈不得，這種極度正向移情的處理並不比負向移情容易。

　　談到負向移情及其詮釋，我們總是會想到克萊因學派，尤其Rosenfeld強調的「破壞性自戀」，這源自於死亡本能、嫉妒等原始的毀滅力量。既然是「自戀」在運作，基本上處於無客體狀態或是與客體聯繫極少的狀態，如同蔡醫師所言：「這時透過移情裡所流露的生命早年的記憶，是行動式的記憶且更貼近生命早年的經驗，而不是語言式以故事記得的方式」，如同「佛洛伊德在《記憶、重複與修通》這篇有關技術的論文裡，提到的真正的早年記憶不在故事裡，而是在於行動裡」。因此，移情詮釋的效用此時大打折扣，所以呢？蔡醫師

提到葛林(André Green)在《死亡母親》一文裡論述某些個案，在某些處境下，他們需要的不是詮釋，而是「同感」(empathy)。蔡醫師說得好：「我們的專業經過一百多年的臨床試煉，早就知道是『慢慢等』，但這種慢如果被個案當作如同死亡般，那麼這種慢就不再只是慢，而是死亡，勢必需要動一動的說些什麼，只是顯示我們還在，是否有時候這就是最必要的empathy？」這類困境其實也是臨床工作者經常遇到的難題，也是讓人挫折的情境。

越來越多個案一開始就表明自己是邊緣型人格、是躁鬱症，自己會解離、有多重人格、有伊底帕斯情結，很容易產生移情等等，這或許意味個案對於自己的症狀有一定的認知，當然，也或許有更多的錯誤認知。透過網路媒介，有情緒困擾的個案自助管道越來越多樣化，這個趨勢對於心理治療工作者來說不見得是好事，假設診斷與症狀是一種防衛，一種阻抗，蔡醫師形容個案「只是說著一句死掉的語言」，然後安枕無憂、好整以暇地躲在一處庇護所或是蔡醫師形容的「古堡」中，也就是說，個案進入診療室前已經重度(再度)武裝(防衛)自己了。現今心理治療工作者面臨的現實挑戰是個案屬性從過去的neurotic與non-neurotic世代進入borderline與non-borderline世代，亦即個案的問題涉及更早期更深層的失落與創傷，人格碎裂的程度更嚴重，更缺乏彈性，治療難度更高。

人的思考路徑絕對不是循著線性邏輯，而是一種繁複的辯證過程，蔡醫師的劇本與診療室中的對話一向引人入勝，那是以一種自我對話式的型態呈現，基本上就是精神分析式的思路，是一種創作演繹過程，並非歸納性質，真實呈現也帶領讀者進入蔡醫師運作中的內在世界。讀者必須帶著耐性與專注力隨著蔡醫師的思緒起伏，進進出出，撥雲見日，終於得到甚至開展另一種見解，而不是所謂正確的答案。心理治療師在這聆聽過程並非僅僅沈默、被動的聆聽，而是保持一種所謂的「分析式聆聽」(analytic listening)，但若碰到葛林在《死亡母親》中的案例，蔡醫師叮嚀則必須加上主動的同理，還有，保持Bion強調的「無憶無慾」(no memory, no desire)態度。

　　最後，蔡醫師提到的精神分析與文學或宗教信仰之間的關係，他舉〈伊底帕斯王〉這部希臘悲劇為例：「對精神分析來說，是藉用它們的故事，來看見我們想要看見的潛意識。但是故事仍只是故事，不是潛意識裡的『本尊』。對精神分析來說，是仍保有我們的說話特色，不是要把戲劇搬進診療室。」【高雄精神分析讀書會】多年來維持「應用性精神分析」(applied psychoanalysis)性質，以電影、文學作品、藝術等等為媒介，嘗試與精神分析理論與臨床經驗結合，期待可以看到這些作品更深邃更廣泛的意涵，並非藉精神分析理論強行解讀作者創作動機。我一直覺得讓精神分析工作

能夠持續下去的動力，有一部分來自於治療室外或說是
躺椅外的應用性質活動，而非僅僅嚴肅的學術活動。

李俊毅

臺灣精神分析學會會員
英國倫敦大學學院理論精神分析碩士
高雄長庚醫院精神部/身心醫學科主治醫師
無境文化【生活】應用精神分析系列叢書策劃

李芝綺

既是迷惘，要如何想得清楚又寫得出來呢？

　　既是迷惘，要如何想得清楚又寫得出來呢？我記得一切是這麼起頭的……

　　「你來了這裡，是我的薩所羅蘭，也是你的迷惘，是你帶我來的地方。」(p.41)

　　在蔡醫師的大作【廢人心理學三部曲】第三部「廢人與迷惘」中，延續著廢人與憂鬱的核心主軸，這次所談的是千古不散的迷惘。好似說書人翻開了書，隨著聲音一落下，手杖一揮點，眼前就突然現出了婆娑幻化的潛意識，載浮載沉的看起來不太真實，但裡面會不會有著別有洞天的境地，或鬱鬱蔥蔥的桃花林呢？就這麼勾引人從幻境般的入口走探進來，讓人邊看邊猜想著「薩所羅蘭」究竟是個什麼樣的地方？藏在古老村落裡到底有著什麼？為何會是心理治療師與病人交會的戰場？既可繁複遞變如萬花筒世界，又是每個人所建造出來的內在景象或用以保護自身的城牆？甚至「薩所羅蘭」它就自己活了起來，走到你的面前？！在【小小

14

說】段落裡，從治療師第一人稱細膩的心思，看似具象化了潛意識幻想與心理治療中的潛意識交流（或交手），與艱緩的行走步調（或稱作精神分析取向心理治療的技藝吧！）但其實卻更突顯出「迷惘」的本質是多麼地空洞，令人困惑與捉摸不定啊！

> 我是夢，更準確的說法是，我是你的夢。
> 但實情，我不是你的夢，而是我把夢送給你，讓你有夢。(p.59)

【小小說】的第二段落，舞台上，卻見到精神分析的OPEN小將活力充沛的輪番上陣自我介紹。沒錯，我們還在薩所羅蘭裡，蔡醫師讓這些精神分析的專有詞彙終於能在百年後，親自為自己說說話，彷彿也在幫讀者探看、解構方才潛意識與憂鬱迷霧中的究竟。場景的轉換，如同從糊焦晃動的不確定，轉回定焦特寫的清晰，頗具張力而有創意。除了享受這喘息與轉換空間，我也很喜歡擬人化的自我、原我、超我等角色演出，好像被說服了它們本來就擁有屬於自己的生命力（不受個人或外在所操控），像「夢」爭先要搶回主體性；「自我」急著要驗明正身，還有堅持理想到會傷人的「超我」，與同樣堅持活著就是要開花的「原我」，這些能量的對抗或聯盟，就已經搶戲到不行了。還有守著空洞而渴望被看見的「憂鬱」，常被污名化而感到委屈，

15

「無力感」、「無助感」與「無望感」也聯合表達了常被人輕忽或認不出來的特質與差異，每個角色都被捏塑得深刻而有戲，呼喊著大家趕快來觀看內在世界的絕地大反攻！

重點不是指出矛盾，而是讓個案如何接受這些多元，如七彩光譜的媽媽，都是他心中的母親。
(p.94)

希望蔡醫師不要怪我把序文寫得像電影廣告或科幻小說，因為能配得上迷惘的，不是科幻，就是驚悚了！雖然這樣好像把憂鬱當成基底略過了——話說科學，不就是從一堆「為什麼？」的困惑與好奇中驅動萌生的嗎？

但困惑又和迷惘有多遠或多近呢？「七彩虹光想念媽媽，想用一道白光看見真實母親」，更細緻的解析自小發展疊合出多形樣貌的內在客體，是如七彩光譜般有著不同印象與層次的，依著個人整合的程度、解離的情形而會有著不同的呈現（白光），卻常被人用好壞媽媽、愛恨媽媽的說法來二分化、簡單化了，這解不了眼前的難題，反倒是令人更茫然與困惑。在觀看當代的日常心理學著作或勵志影片時，常發現「迷惘」都會被指向「不夠意識到自己在做什麼/想要什麼」或「沒有跟自己在一起」，但自己對意識的掌控和發展的統整，並

16

不是三言兩語就能確立的，而個案在迷惘中想要的出路到底是什麼呢？是專業職人可以給的嗎？專業職人如何看待要變與不變呢？這些在陳建佑、陳瑞慶和陳瑞君的回應文中，與蔡醫師有著非常精采的聯想與對話。

> 其實，你那通電話，讓我想了很多事情。你有很多話想說，我覺得那是無法說清楚的曖昧。(p.113)

　　蔡醫師在書中說，empathy的本質是靠山，是治療師作為環境客體和外在客體，讓個案覺得有人願意了解他，可以了解他，雖然這可能是一種錯覺。但我看了又看，突然茅塞頓開，原來蔡醫師所設謎題（或難題）的解答——我們專業職人所能倚靠的山，同樣也就是empathy呀！蔡醫師用暴食個案來演繹了大概一百種empathy的想像與運用，empathy為何是職人的靠山？因為不知怎麼辦時就得回到empathy。我想用Black,D.M. (2004) 的文獻Sympathy reconfigured來證明empathy可以走到多遠的地方：

> 達爾文有趣地將同情的動機與「母性本能」聯繫起來……可以窺見他的著作背後的一些內化和移情的模糊概念。……我們可以看到同情在內在客體形成中的重要性[1]。

---

[1] Black傾向將「同理」視為第二層次的同情。

17

文獻提到empathy即在餵養內在客體的形成，剛好也與本書描寫缺乏內在客體，得自己活下去的個案相互呼應。但在實務工作中，empathy怎麼傳達/做，並不似拆解字首字根那麼的簡單。細細品味著蔡醫師和溫尼考特的內心對話，除了深深的被療癒，也欽佩蔡醫師要以日常用語將深度心理學開展於台灣的努力不懈，他從來不走便宜行事的扁平化，一直大膽且謹慎地勇往直前。看蔡醫師的書就像聽他講的話一樣，一段話往往有許多的層次，需要將自身全然投入才能和他的文字結合在一起，也許這就是最後一段動人的empathy敘事所要表達的吧！想到我的治療師也曾對我說，「可以知道我所描述的，但無法體會我在其中的感受。」事後回想起來，那種被回以他聽不到的困頓無助，很難說清楚的情緒感受，也許就是種empathy吧！

　　最後側寫去年在台南讀書會核心小組裡腦力激盪，討論臺灣精神分析學會台南工作坊的人選時的一段花絮，作為序文的結尾：

　　當大家正玩著黑白配，男生女生配的混搭遊戲時，大風吹讓每個人有了不同以往的角色分配，在接獲新的嘗試任務時，懷著忐忑、期許與興奮的心情，不由自主的想到蔡醫師要怎麼和大家扮演這場家家酒呢？有人提議「請蔡醫師代表學會的大家長致詞」，又有人謹慎地說「學會會長要改選了，必須先徵詢一下」，「還是請蔡醫師當貴賓？」在大家的七嘴八舌下，有一個安

定人心（或自我安慰）的聲音：「蔡醫師能來台南工作坊，是我們的榮幸，他不用任何的職稱或擔任任何的角色，來證明他就是臺灣精神分析學會的創始者啊！」

心樂活診所臨床心理師
精神分析取向心理治療師
臺灣精神分析學會會員

劉玉文

那些值得迷惘，不得不迷茫的事

　　蔡醫師以拼接方式將不同形式卻觸及迷惘的生命故事和探究串接著，一篇小說、一份邀請、一場聚會討論、一個回應、一齣舞台劇，有如運用蒙太奇的處理方式，讓不同距離和角度的拍攝鏡頭重組，構成獨特的影片邏輯。這些被提取、看似無秩序的章節，以阿莎布魯的獨角戲在更高一層的觀點上進行串聯和編輯工作，讓現實的洶湧波瀾景象與無法言說之境，被聚合在一個層次中，產生強烈的對比與想像空間。每個迷惘的結尾，悲傷的阿莎布魯現身都讓我感到好奇，這個常被用來描述亂七八糟，行為不合理的用語，在賦予具生命的角色之後，既在暗喻這樣的生命本身便充滿了迷惑和茫然，也讓古老的故事有了新意，緊扣著「廢人與迷惘」《為什麼古老故事如夢魘般讓我受苦？》的核心佈展。

　　首篇「小小說：你來了，來到古老村落薩所羅蘭」，讓我瞬間進入了奇妙的意識維度，彷彿穿越不同介面，來到異次元，有一種深入再深入的立體空間感，入夢再入一層夢的奇幻經驗。薩所羅蘭象徵著一個更原始的聚落，也是物化的治療室，是兩個心靈的交會點，

是「我」與個案連結某種相信，持續建構並得以落地生根的信念所在；在這裡是一切意識的匯集處，既是心靈深處的那片廣闊清明之地，也是混沌未明、一切起始的時空。蔡醫師以不同視角對讀者示現「我」這個個體，我豎起耳朵，聽，說話的第一人稱是誰？是先知？是內在高靈？是一位治療實務工作者？在某些瞬間，像是聆聽一位自述者與內在神性對話的歷程，一縷縷在更高視角中傳遞出的迴響是更貼近內心深處的探問與誠摯。同時，正在閱讀的我化身為偵探，仔細觀察、追蹤著治療工作者的視角和輕盈細緻的敘說，踏上蜿蜒曲折小徑。精神分析中經典的謎之音：「夢」、「自我」、「原我」、「超我」、「憂鬱」「無力感」、「無助感」、「無望感」以擬人化的發聲和自白活了起來，如同音樂劇《CAT》傑利可貓族(Jellicle Cats)參加年度盛會，每隻獨樹一格的貓在大家面前展現個性，在黎明前以才華來爭取唯一重生、升上天堂的機會。

象徵的引進，其實想要處理一個心中的疑惑。
(p.219)

保存古蹟的意象讓古典與現代相遇，跳脫出防衛抗拒的思維，為技術術語帶起生機，也讓精神分析和精神分析取向的治療，融入了生命，活出一種態度，不再是二元的去留對錯，而是在體現生存與存在的美學。最後一個篇章，舞台前一對母女與一個男人上演著孤寂和迷

21

惘，舞台背景設計了空中慢慢移動的雲，男人輕聲讀誦舊約聖經創世紀；另一幕是播放著女人纖細的手，拿著毛筆抄寫金剛經的幻燈片，總覺得心思縝密又活跳跳的蔡醫師在這裡埋了線頭，不時揉揉眼睛，想讓霧茫茫的視力再清晰一點。劇中三人關係像昆蟲撲向蜘蛛網，愈是想離開愈是沾黏在絲線上，也像在封閉的空間裡不斷拒絕自己，內在嘰嘰喳喳、爭論不休，一組令人莫名其妙、強行拼縫的多重組合，鋪排出多重人格在一人身上也在眾人之間，一心之內的盤根錯節同時被展開，也有了時間序。劇情帶有諷刺和悲愴的味道，充滿誘惑力，運鏡結束在耐人尋味又極富省思的畫面。

　　人類在支離破碎的早期經驗裡，求生本能已悄悄幫自己的感受打包，打理出可以被外界接受的樣子及關係的藍圖。早期的傷痛經驗沒有在此時此刻完整被聽懂，在現有關係中穿越過往傷痛而有新體驗，便再次回鍋這份傷痛。當痛苦事件還沒實際發生的時候，苦痛的威脅已經搶先一步被知覺，那個當下，痛苦已然成形，這是錯覺還是幻覺？個案跟我說他一直想在文學和藝術裡面找到純粹，讓思緒滿溢、快要爆炸的腦子騰出空間，想要感受漲滿身體知覺的情感張力。末了，他說，找不到那純粹反而更茫然。這種在夢裡醒不過來，或是醒來之後又繼續作夢，以為夢醒了，其實還在夢中的迷惘苦澀，喝下去更迷茫，我們既被夢著也在造夢。

　　太陽光到達地球的時間約八分多鐘，我們此刻看

到的太陽光是八分鐘前的光，而現在的太陽光要八分鐘
以後才能在地球上看到，當下所見的真實是真實嗎？到
底此刻看到的是過去還是現在？

一切有為法，如夢幻泡影，如露亦如電，應作如
是觀。《金剛經》

人從意識到「我」開始，就衍生出你我他的分別，
若干互不兼容而矛盾的價值意識，和所處時代交織出的
無限纏繞，片片斷斷散落在某個瞬間，依著對人相、我
相的執著深淺而顯現出不同的世界。人間萬千滋味，如
何「識相」和「破相」，就像理解一片雲的過程，雲沒
有方向，到處漂流，沒有目的地。然而，風吹來，雲就
飄走了，陽光照射下就揮發，形狀短時間內就改變。世
間的一切現象，就像夢境的非真，幻化的無實，影子的
難存；又如露水，夜晚形成，早晨遇日光照射，溫度升
高而蒸發；天空將雨時的閃電，瞬間即逝。所有現象相
依相恃，待因緣成熟而發生，是種種要素的集合體，依
緣而生滅，終究不是固定的，又哪裡有恆常不變的
「我」呢？

劇中時空實際發生過的種種，有多少是沒有在劇本
中記載和表演出來的？而演員要知曉和理解多少才能扮
演好自己的角色？將身心完全投入，感受當下的真實又
要知曉這一切非真是演員的能力，而人生這齣戲需要一

輩子來觀照，培養能上戲也能下戲，能入夢也能醒過來
的能力吧！

劉玉文
精神分析取向心理治療師
臺灣精神分析學會會員
諮商心理師

詹婉鈺
歡迎來到精神分析主題樂園

　　在臺灣精神分析學會中，很多人學習精神分析的啟蒙老師是蔡榮裕醫師，我也不例外。第一次接觸到蔡醫師，是在全職諮商實習的那一年，參加蔡醫師帶領的佛洛伊德讀書會。聽著台上蔡醫師以他特有的獨白方式，講著佛洛伊德文本，台下的我問隔壁同樣滿頭黑人問號的同學：「怎麼每個字我都懂，但整段話是甚麼意思我完全聽不懂？！」這樣的困惑，在多年後回到精神分析學會參加臨床課程，遇到團體督導中的蔡醫師，我好像聽懂了些甚麼！但究竟是我的理解力進步，還是蔡醫師的解說功力大增，至今仍是個謎！在這過程中，我慢慢體會到蔡醫師想表達的，永遠不是指向答案，而是引發更多的問題，期待我們從中找到屬於自己的見解。因此，閱讀蔡醫師的書，困惑是必然的，你以為讀懂的，其實不一定是真的理解，你讀不懂的，也許才是理解的開始。就這樣，我放下了想要讀懂的執念，進入一個資深專業職人的內心世界，窺探他是如何思考著個案的困境，以及如何描述治療室中看不見但依然存在的動力。

你來了！你是來了，你說你不知道為什麼會來到這裡？你我的交會，在山中古老村莊，薩所羅蘭。 (p.42)

　　隨著蔡醫師的筆觸，我們進入了一個治療者與個案交會的過渡空間。在這裡，我們看到個案如何建構出自己對於困境的想像，也看到治療者如何摸索著個案給出的線索，描繪出這潛意識所在。相較於生硬的個案概念化，蔡醫師以一種如夢似幻的方式，帶領讀者進入治療空間，我們像是隔著觀察鏡，觀看著治療過程中治療者和個案的潛意識交流。治療者幫忙個案的自我、原我、超我發聲，甚至連憂鬱和無力、無助、無望的感覺也被擬人化，說出自己的心聲。頓時間，諮商室幻化為薩所羅蘭，一座古老的村莊，裡面每個人的聲音都可以細膩地被聽見。套句李安的話，每個人的心中都有座斷背山薩所羅蘭，或大或小，時而豐富時而蕭寂，只要我們願意探索這獨特的內在世界，精神分析就有它值得存在的理由！

　　書中提到「精神分析與文學或宗教對話的後設想像」的段落，讓我聯想到一段回憶。大學修習「希臘悲劇」這門課時，聽到了伊底帕斯王的故事，當時我興致勃勃地想要把伊底帕斯情結作為英文與心理的橋樑，將我最感興趣的兩門學科連接起來。豈料，授課教授斬釘截鐵地告訴我，伊底帕斯情結只是佛洛伊德借用的一個

名詞，和希臘悲劇中的伊底帕斯王毫無瓜葛。我當場被澆了一盆冷水，心中留下對於伊底帕斯情結無盡的疑問：佛洛伊德為何選了伊底帕斯王的故事來解釋父母親和孩子間的三角關係？其中難道沒有隱含希臘悲劇中強調身為人類無可抵抗地的命運嗎？蔡醫師在書中提到：

……當佛洛伊德引進希臘神話的故事，這是和文學有關的劇本，文學原本就有它能維持或擴展的功能，但是文學需要承擔這麼大的社會或個人的痊癒功能嗎？顯然佛洛伊德以降的精神分析，已存在一百年以上，以它特有的型式關係和說話方式，建構出人類文明裡特有的一個環節，讓我們對心理困局的想像和處理有了新的出路……(p.168)

這段話彷彿回應了我多年來的疑惑，也許佛洛伊德在伊底帕斯王的悲劇故事中，看到了人類命定的困境，並把它用來描述難以被理解的潛意識內容，進而成為精神分析中重要概念。就如同我們也常在個案的故事中，聽到似曾相識的情節，而精神分析概念只是用來理解這些故事的方式之一，有更多的是治療者用自身經驗和語言，試圖拼湊出整個故事的全貌。

也許你尚未接觸過精神分析，但你肯定有熟悉的文學、宗教或是電影，這些人類的共同的語言，有助於我們理解心中迷惘，而精神分析便是搭著這些共同的經驗，試圖進入潛意識的深處。這本書像是精神分析的主

題樂園，裡面包含治療者的內心獨白、以理論印證實務的片段、治療者間的精采對話，更有小小說和劇本，不管你是心理治療相關人員，想知道精神分析治療者如何運用理論，理解實務上所遇到的難題；或者你是一般讀者，對於精神分析是怎麼看待人性感到好奇；抑或是你也可以把這本書當作是一部小說或劇本，在當中找尋似曾相識的經驗。不管你用甚麼方式閱讀此書，相信你都能在這樂園中玩得愉快！

詹婉鈺

諮商心理師
臺灣精神分析學會會員
【自己的房間】精神分析工作室負責人

陳昌偉
沒有記憶、沒有慾望的薩所羅蘭

　　在我書櫃深處，一直有一本最愛也最怕的書，是王文興教授的「家變」。愛的原因是在那些看似破碎的文句與念不出發音的字詞當中，總有幾句話讓我感到靈魂深處的什麼被勾動，或者卡在心裡很久的那一團鬱悶豁然開朗，感動到久久不能自己。

　　但，絕大多數的時刻，是讀完一段得休息幾小時甚至幾天，鼓足了勇氣後再來開書挑戰，然後問自己究竟看到了什麼？整個閱讀的時程歷經數年，甚至到現在仍是進行式。第一波挑戰是以一種囫圇吞棗的方式在購入當天一口氣讀完，留在我腦海的印象盡只有「吼，男孩的爸爸到底去哪了？要不要回家？」這本書就這樣躺在書櫃裡好幾年，然後再跟著我搬家、換到新的書櫃深處，直到某天聽到文藝圈朋友聊到此書，以一種崇敬的口吻說王文興老師的「家變」是台灣文壇上的奇書，我嘴上附和著「是啊是啊，真是好書」，但其實心虛不已。老實說我一點也不記得這本書在講什麼，只記得一個男孩的爸爸離家，然後囉唆不已又粗鄙的媽媽一直叨唸著，這一家人彼此折磨，故事的結局爸爸究竟回家了

沒其實我也不知道，或者也不記得了。在心虛焦慮的驅策下，我進行了第二波的挑戰，這一次挑戰的經驗苦樂參半，有時一段話可以讓我反覆讀上好幾遍，咀嚼玩味再三；有時只得整段跳過，當作是放自己一馬。此階段的閱讀，「家變」以一種破碎的方式留在我的心裡，我無意也無力整合，有時想到些什麼似的會再把書找出來讀個幾頁，然後一停又是個把月。說是一個進行式，因為再次把「家變」從書櫃深處挖掘出來，是接下了蔡醫師的書稿「廢人與迷惘」書序的邀稿。

接到邀稿的第一時間，我快速的一口氣讀完，然後闔上電腦想一想有什麼留在我心裡？我記得一些人物的側寫故事、一些精神分析理論的反覆論述，但彼此都是分離的，此時又讓我想起一個神奇的觀影經驗。幾年前，我報名參加一個為期一週的學術研討會，在第四天的早上，我發現自己什麼也吸收不了的時候，一個人跑去電影院看了洛伊安德森（Roy Andersson）的「鴿子在樹枝上沈思」（A Pigeon Sat on a Branch Reflecting on Existence）。這部由39個表面上沒有關聯的片段組成的電影，就像散落四處的相片，因為彼此的不相關而讓人非常容易分心出神，但又會力圖在腦海中將之整合。就這樣嘗試整合又放棄、嘗試整合又放棄的循環，到電影中段的時候我終於決定讓影像帶著我，不再執著著要把眼前的影像整合成對我而言有意義的故事。然後神奇的事發生了，就像穿針引線一般，我發現有幾個角

色、旋律、台詞，貫穿整部電影，而自己就像鴿子一般，站在枝頭上，看著去除掉動機、沒有前因後果的人世是如此荒誕可笑。

然後我想到蔡醫師在書中屢屢提到比昂（Bion）所說的「無憶無慾」，於是我二度展開「廢人與迷惘」的閱讀。這次不再執著要一字一句讀懂，也放棄要在腦中組成有意義的理解，正如同「廢人與迷惘」第一部中，當「你」與「我」在薩所羅蘭交會，薩所羅蘭的生活方式是一切都嘗試從不了解開始（p.42），來重新思索關於迷惘的意義。

在六個不僅劇情不連貫，文體也不同的文章中，我發現貫穿其中的是精神分析的理論，此時我又再度出神，想到塔可夫斯基（Andrei Tarkovsky）的電影「潛行者」（Stalker）。電影描述在政府嚴密監控的禁區有一個密室，如果要到那個被稱為希望的密室，必須要有潛行者帶路，因為在禁區中充滿危險，看似最近的直路並非是捷徑，而且路途的軌跡會千變萬化，沒有邏輯，所有在現實世界的物理規則都不適用，只有靠引路的潛行者拋出的繩索，才有可能到達讓人實現內心渴望的密室。在「廢人與迷惘」中，蔡醫師是那個潛行者，拋出精神分析的繩索，帶領著我們一同前往被稱作薩所羅蘭的密室。

蔡醫師在【跋】說「什麼方式是體會和了解精神分析的最佳方式？」（p.294），他說是親臨精神分析或

心理治療的診療室，進行個人分析或心理治療，我非常同意。在閱讀蔡醫師的文字中，開展出來的自由聯想，也讓我訝異與欣喜。謝謝蔡醫師讓我有機會分享自己閱讀「廢人與迷惘」的方式與聯想，我相信讀者們也會有自己開展本書的方式，這一切迷惘並不必然有答案，如果讀者們能歡迎這樣的心境，一定也能在閱讀本書中找到心中的薩所羅蘭。

陳昌偉

臨床心理博士
精神分析取向心理治療師
臺灣精神分析學會會員

陳瑞慶
廢而不廢

　　在蔡醫師開始出版「廢人系列」的作品時，看到「廢人」兩字格外有親切感，一來也許是自己有認同感，二來每每同儕分享工作心得時，都還是會談到維持長期治療工作的艱辛——面對目前社會講求快速、效率風潮下，這種「慢」又「長」的作法，很容易讓外界、病人、甚至自身都會陷入「廢」的迷惘中——在閱讀蔡醫師廢人心理學三部曲最終曲「廢人與迷惘」時，更是不斷浮現這樣的感受。

　　在又「廢」又「迷惘」的狀態下，要為這本書寫序，其實頗有壓力，不確定能否擔任起介紹蔡醫師文字的渠道，相信認識蔡醫師的人應該可以同理我的感受。蔡醫師的文字從不討喜，不輕易地給出或妥協於任何簡化的答案，甚至會挑戰你既有的概念與想法，簡單來說就是不怎麼好啃（下嚥）的書。而十年前我就是在這樣的「蔡式薰陶」中長大，那時的我才開始學習精神分析，有幸被他督導一段時間，至今還是記憶猶新。因還是實習生，對於要學習精神分析，仍然是猶豫的。還記得第一次帶著撰寫好的接案回憶稿進入他的辦公室，在

那個黝暗的空間裡，他用著不那麼清晰的台灣國語，帶
著我進入他的思考世界。在那一段時期，往往我抱著一
些自己的見解去和他討論，但結束後走出他的房間，這
些理解似乎又被他所打破，本以為明朗的想法轉為更加
困惑的處境：總在每一個你可能得到答案的剎那，他仍
舊告訴你，這一切還有可能性，這一切不只是如此。回
憶起那時的感受真的很痛苦，但也幻想未來有天能不再
那麼苦……如今寫這些文字的當下，我還是很苦，只是
苦中已經能作樂了（笑），也開始對苦有點上癮了。看
著蔡醫師仍堅持在這不容易的狀態中耕耘，我始終還是
很敬佩與感謝他當年的提攜。

在這兩個月我啟動了一種模式，每天工作下班回
家後，在睡前閱讀蔡醫師的這本書，持續一天又一天。
這樣的睡前讀物不容易消化，有時我就這樣放棄而睡
著，或是一邊做些幫助我能轉移注意力的活動。慢慢
地，我發現蔡醫師這樣的邀請不只是邀請，更是一種搏
鬥，更多時候我認為是在與自己某部份搏鬥。到底在搏
鬥什麼，我其實也搞不清楚，但這個體驗竟然有種熟悉
感，究竟是怎麼回事。

在這本書中，蔡醫師圍繞著「迷惘」書寫，透過
分析的觀點，以各種形式描述著經驗與理論，篇章間搭
配著阿莎布魯的小短詩，進行了一次又一次的對話。有
時你看得懂，有時卻也看得迷茫，但更多的時候這層層
堆疊的迷惘文字，像極了臨床的實際體驗。我回憶起自

己在大學時期，沒事就在宿舍猛看電影的一段回憶，那時我開始接觸蔡明亮的電影，幾乎無法一次看完，大多都是在睡睡停停幾天後才能看完。電影中很多長時間對焦於生活的片段，總在觀看時會讓我有厭煩的感覺。有個朋友在聽了我的經驗後回饋我：「這種煩，就是生活啊。」，我突然被這句話給打中。

　　閱讀蔡醫師這本書也是如此，對我來說不是他的某段文字吸引我，而是這些文字傳遞出一種「移情」，非常貼近治療中的臨床經驗，他持續地描述生命的各個面向，試圖告訴我們這些迷惘的各個名字，如同〈如果阻抗、防衛和移情，是埋在地下古堡群的迷惘〉一文中，蔡醫師試圖將這些防衛機轉比擬為古蹟，從過往認為需要消滅防衛機轉的看法中延伸出一條「保存古蹟」的路。「我們可能與迷惘共處嗎？」、「我們能自許為廢人嗎？」，蔡醫師持續在挑戰與探問這些無以名之的困難。

陳瑞慶

諮商心理師

精神分析取向心理治療師

臺灣精神分析學會會員

路過小時候的故事
好玄的說法喔
我在天空當老鷹
會不會忘了下來呢
天空很寬
總得踏在地上才實在啊
真的是這樣嗎

【小小說】

你來了，
來到古老村落薩所羅蘭

1.

　　你來了這裡，是我的薩所羅蘭，也是你的迷惘，是你帶我來的地方。

2.

　　你來了，你是來了。你竟說，你的精神史跑來找你，讓你不知道怎麼應付它們？我聽了也嚇一跳，倒不是不舒服的嚇一跳，而是有一股奇怪的暖流感受。我覺得你這麼說實在太誘人了，讓我被你這句話吸引住，「我的精神史跑來找我」實在是太生動的說法！

　　雖然這個生動的說法到後來，仍只是失落的空洞裡張貼的一句美麗的話語。不過，可以想到這些，是以後以後的事了。後來的知道，無法彌補先前的興奮所帶來的失落。

　　你說，都是記憶出現在你前面，你只是追著記憶跑。你突然靈光一閃說，你的記憶都是心不甘、情不願的，它們都是被派出來應付你的好奇，難怪你老是覺得不對勁。有時，你不由自主地這麼想：「難道自己有什麼問題嗎？」不然何以會出現那些記憶，來阻擋自己的迷惘呢？但是，如果沒有這些記憶，你就會完全迷失了，像是個徹底失落的人。難道一直緊抓著這些記憶，就只是為了不讓自己被這種失落感淹沒嗎？

　　你是不相信的，你覺得自己看透了人生，怎麼

可能會甘願被這樣的記憶所欺瞞呢？也許說欺瞞是有些過頭，不過，這也只是你這麼想時的必然反應吧？

3.

你來了，你是來了。你說不知道為什麼會來到這裡？你我的交會，在山中古老村落，薩所羅蘭。

其實這個描述是我的想法，你說你以為自己還在沙漠，頂著陽光，尋找綠洲。你堅持你獲得太多的陽光了，幾乎把你心中很多想法和記憶都曬死，害得你要不停地藉者片片斷斷的想法，想像以前到底是什麼？

這是有些可怕的感覺呢！你說，有電影導演曾說，內心的變化才是豐富的紀錄片。你來這裡就是為了替自己拍攝這部紀錄片。

我一時之間還不是很了解，你這麼說是什麼意思？不過把紀錄片和內心變化連在一起，的確是有趣的想法。你把紀錄片也連結到你來這裡，你的說法影響我，你想像成來到了古老村落薩所羅蘭。是啊，你就這樣帶著我，來到了薩所羅蘭。

你我的交會是起源於，你深深地相信，自己的困局是來自於母親。我知道這種結論，因為很多人都這麼說過。但我還是得從我真的不知道你在說什麼想起，這是在薩所羅蘭的生活方式，一切嘗試都從不了

解開始。我們可以了解的，都已經幫我們解決了很多問題和困局，而在這裡，需要從不了解開始。

這的確是個難題，你我怎麼可能不了解什麼呢，尤其是你和自己相處這麼久了，怎麼可能會不了解自己呢？你來找我，就是覺得自己知道自己有些迷惘，想要改變，只是這種想改變的前提，對你來說，常是居於你已經了解自己了，你要的只是「改變」。在這種情況，你設定給我的難題是，你只要我告訴你如何做可以改變，而不是要如何知道和認識你。

還有不認識的自己嗎？這很容易被說得很玄，雖然在我的工作取向和經驗裡，這是一點也不玄，而且是日常生活的一部分。你要改變，也許不是被告知要怎麼做，而是找機會再了解自己──是否還有不認識的自己？如何再認識它們，聽聽它們想要表達什麼？不過，這可是會變成你我之間的戰爭。很奇怪的一場戰爭，唯有你來了，在薩所羅蘭才會出現的戰爭。雖然，你我並不會真的動手，我們只是依著感受來說說心中的想法。我說的是「自由聯想」，卻是困難重重的「自由」。

誰知道這樣的相遇，會有什麼結果呢？可能在還沒有結果前，就先遭遇了錯綜複雜的情緒糾葛，好像有什麼不知名的東西糾纏住的感覺。你說真的好奇怪，怎麼來了薩所羅蘭才有這些呢？我說是的，這是薩所羅蘭特有的心中風景，你我一時之間，很難看清

43

楚的風景，真的是奇怪的景緻啊！

4.

　　你來了，我還在想著不久前發生的一些事。我要盡快回到你帶來的心中風景。是你在重遊，你希望我也可以在場的重遊，這是薩所蘭獨特的景緻。

　　你我一起重遊你記憶中的從前。你說爸爸離家的時候，你毫無記憶，你覺得父親一定是受不了母親才會離開的。也許父親離開前，有跟你說些什麼話，只是當時你年紀太小，記不得了。聽母親說，父親在幾年前就死了。你說，你不知道母親是如何知道的？

　　至今你還不知道如何說這件事，只好把母親的說法原封不動地包裝起來，放心中。你知道你心中所困惑的，「父親離開前，說了什麼話？」這件事已經不可能有答案了。你說你不敢問母親這件事，怕母親因為恨意，故意說些話來挑撥你和父親的關係。

　　雖然你根本不知道，你跟父親是什麼關係？但是你覺得很親密就是了。我是不了解也無法馬上區別你說的親密，和一般人所說的親密，是否是相同的東西？或者有你個人獨特的定義？只有你自己知道的定義，而且根深蒂固。

　　父親是男性，你是女性，你先前就聲明自己喜歡女人。也許這是表明你對母親有著恨意的意味？很強烈的意思吧？這也是佛洛伊德宣稱性學的基礎，我不

是憑空想像，而是有你在我眼前呈現的你自己，讓我更知道佛洛伊德的想法是有它的臨床意涵。

　　至於現今如何看待精神分析的性學，這是另一個學問了。但是光想著你說的，父親早就離開你，卻是你最親密的人，而母親曾一度離開你，後來接你一起住，卻變成你恨意和歸罪的主要對象；好像人性裡所有的恨意，都有機會走上迷惘，在你和母親的關係平台上露露臉，說說各種不同的恨意之間是如何交纏。

　　這一切都會轉移到我的身上嗎？我跟你母親同性別，也會是你恨意的對象嗎？

5.

　　你來了，我的疑問可能來得太早了，我太受以前的經驗和專業職人理論的影響，卻很難察覺你流露的恨意。你對我有恨意嗎？我要如何對待這個存在我心中的假設呢？或許它早就不再只是假設──在我的工作取向裡，百年來，這已成為我的常識了。

　　我的常識，畢竟仍是局外人的常識，雖然也有移情的假設：你會搬來早年的經驗。但這仍是謎團，是需要一直在其中摸索的情境，並不是如我們期待的那般，以為「移情」這個語詞，就足以說明一切──如果這麼想，我覺得是對人的心智的蔑視吧？這樣只會讓心智等待時機反撲，讓我們覺得怎麼如此莫名其妙？

是的，通常是以「莫名其妙」來開展出人性迷惘的奧秘吧？我只能說，因為理論和經驗，使我等著你對我的恨意。因為你對母親恨意的唯一出路，是在我這裡。坦白說，要你先接受自己這個狀態，就是一種莫名其妙。

　　是誰把我推到這種處境呢？你怪母親害你一輩子，而我和你在薩所羅蘭，我需要責怪什麼嗎？我不是說我一定不會怪罪什麼，而是「怪罪什麼」本身就是值得再細思的事件，不是只依著那怪罪的內容，來決定如何回應。

　　你在薩所羅蘭，你和我需要不同的想法，但是這種不同不會自然出現，而是要緩慢的交談。這種場景可以讓薩所羅蘭的描繪，成為繁雜如萬花筒的世界，也許不是那麼美，並且需要很長的時間才說得出，「哇，你的辛苦讓你成為一道美麗的傷口。」如果說太快，會讓這句話的美意成為某種諷刺。我需要諷刺你嗎？我真的不知道呢！

6.

　　你來了，是薩所羅蘭走到你面前。雖然我也常說，是你來到了薩所羅蘭，那裡跟溫尼科特說的「過渡空間」有什麼關係嗎？我不是很清楚，我甚至不知道，是否是在往清楚的路上走，因為我還卡在先前的諷刺說法裡。

我腦海裡的直覺想法：「你那些過往創傷能活到現在，呈現萬花筒般的美麗。」這句話好像是在支持你，但你需要這種支持嗎？理論上，我深知支持的必要，尤其你一再地說著，父親是如此遙遠。儘管父親的遠或近，在你的心中是不定的，也許是這種不定，帶來的失落，它的影響比完全消失還要更大。

　　不過，這些都只是我的猜想，此刻在我心頭上綻開的是你美麗的傷口。我無法在這時候說出我的想法。如果我的專業是直接的溝通，何以我覺得不能在這個時候說這些話呢？或者，我有必要思考的不是「說不說」，而是要把「如何說」想得更仔細。把想說的想得更細緻是必要的事，這是來薩所羅蘭需要的質地。

　　你大概只感受到我的緩慢，但是我無法完全猜到你是如何看待我的緩慢。你說你的母親在父親離開她後，是如何地對你感到不耐煩。雖然你早就覺得，根本就是母親的問題！你很快補充說，你已經記不起來，多小的時候，就這麼覺得了。你說，你不知道「母親」是什麼？我想著，是父親的離家或者是母親的在家卻不如你預期，所帶來的困擾，分別地影響著你？到底是母親的因素影響你，或者是父親的不在更影響你？這些影響很難完全了解，不是如一般想像的迷惘。如果我說「都會影響」，那等於什麼都沒有說。

如何了解你當年的經驗，也是一大難題！並不是你說出來的，就是當年的情況，你現在所說出來的，是長年一再磨練後的結果，要從這個結果去回推當年，的確是項重大的挑戰。不過既然來了薩所羅蘭，就需要一步一步地讓這些猜測有發揮的餘地。

你對母親有著多年恨意所搭建起來的城牆，雖然在城牆上畫著一幅接著一幅精美的圖畫，以此表明你是想用良善的方式躲開生命的苦痛，讓自己不必在每個時刻都經驗著生命的苦。我的專業行話是說，你運用著各種方式來避免自己承受那些苦，而那些潛在的運作方式，叫做「經濟原則」。以一般話來說，可能是接近以「便宜行事」的經濟學來達成讓受苦，失落的苦，被隔離起來。只因是便宜行事，那些城牆呈現出來的是美麗的模樣。這是我在聽你述說時，心中重複浮現的景象。

7.
你來了，薩所羅蘭在你的心中，是你建構出來的樂園。後來，它就自己活了起來，在那裡，所有的美麗和創造背後，都是苦和痛。

你說父親消失不見前，是相當愛你的，你後來停了一會兒，沈思地說，你不知道那是不是愛？你很快再修正你的疑問，說「那是愛」，沒有錯！看來你是不希望你對那段感情有疑惑，而且你要在你的薩所羅

蘭裡確立，那是毫無疑問的愛。雖然你也說父親不是一個有出息的人，但你仍拒絕說出，沒出息是指什麼？雖然你在其它時候早就說過，父親整天游手好閒。我不知這是不是你說的，沒出息？

這讓你辛苦建造的薩所羅蘭的美好，常常有風雨的緣故吧？只要有生活和工作上的不順利，就會動搖你的薩所羅蘭，你就需要加強修繕它，增強它的美好，也就是讓離家的父親更加美好——這使你動員了大部分的能量和注意力，回想著當年父親的一舉一動，甚至懷念著你還不會說話時，躺著他懷抱裡的情景。

如果我說，那是你後來建構起來的場景，既不是回憶也不是記憶，那麼我就變成了你的薩所羅蘭的破壞者，無情的闖入後，對你指指點點。這到底是不是我專業的工作呢？如果我只是被我的專業告知，有些事要忍受挫折，那麼這是忍受挫折嗎？或者只是一再的錯失良機呢？我錯失了什麼呢？走進你的薩所羅蘭，替你命名每個事件的名稱、每道防衛的名字，你需要知道這些嗎？雖然我也很難完全相信，一定不能這麼做。你早有自己的命名，而我的命名只是一種交換意見；對相同的現象和場景，有不同的命名，也許就有機會更進一步了解這些景象的豐饒。

我走進薩所羅蘭，在你的城牆貼上我的說帖，這是我的工作嗎？雖然我的工作就是說話，嘗試說出內

心裡最難被說出的那些話。當我一心一意想著如何張貼我的說帖時，你也一心一意簡單地說著迷惘：母親不當的待你，讓你一生就這樣毀在她手中。

8.

　　你來了，我說「簡單」，並不是你把故事說得很簡單，相反地，你是說的很複雜，你也舉了很多大大小小的事例來佐證自己的說詞。我覺得「簡單」是你說的，「你的一生就毀在你母親的手裡」。

　　不能說這是錯的，但是否全對呢？如果是全對，接下來能做什麼？何況走到這個地步，你親手建構的薩所羅蘭，也影響著現在和未來的重要風情呢！不過，如果把這些歸結到某個單一因子，就是我說的「簡單」，卻是便宜行事的簡單。就像把很多事歸結於男性沙文主義一樣，變成了不用思考的答案，是對，也不全對，偏偏在對和不全對之間，可能容納一個風情萬種的村落。

　　如何讓簡單的，卻不是便宜行事的便宜，而有細緻的品質？當你一再歸罪母親時，我心中也是重複地想著：在你如此便宜的歸因裡，我只能等待。雖然我也重複問著自己，在你的薩所羅蘭，我能說些什麼，讓事情不再只是如此便宜行事？

　　我是奉行簡單原則的人，但是，簡單看來卻是不簡單，還需要更多的細緻化。值得想像的是，同樣以

簡單原則，卻有便宜行事的簡單和謹慎細緻的簡單之別。我相信你在建構薩所羅蘭時，不必然知覺到這種分野。

從實況來看，有些地方你確實很細緻地刻劃了自己沒察覺的苦。那些苦，後來都四散，像個無家可歸的迷惘經驗。你建造了美麗的城牆來安置那些苦和痛，它們卻好像拒絕停駐，而失落地四處流浪。

9.

你來了，你的薩所羅蘭，原本是要安置或管理那些讓你受苦的痛，但雖有傷口裡美麗的城垣，卻無法將所有的苦和痛都關在裡頭，它們隨處流浪。我使用「流浪」，不是要呈現它們的浪漫，而是一種不著邊際、難以觸及的苦和痛。因為它們是被拋棄了，也失去了原來的起源，變成沒有名字的苦和痛。那些不再和原始起因相聯結的苦痛，並不會因此消失，反而四處尋找依附的對象，因此生活變得到處都受苦，時時充滿痛，但是你不再說那裡有苦有痛，而是覺得有某種無以名之的迷惘。

我還需要更多的觀察和推想，來回答你給自己的問題，雖然你是對我說的話。你說，你真的不知道為什麼爸爸當年會離開？這句話只是輕輕滑過嘴邊，像閃電後的悶雷聲。我覺得雨天要來了，但你馬上大笑說，唉，哪裡有人會一直想著這種無聊的問題！這個

問題又無法解決！反正我早就知道，爸爸不是因我而離開家，都是母親的無能，才會使父親離開。

在薩所羅蘭的午後，你的悶雷聲依然震撼著我。這樣的說法並不稀有，但這個時候，你以這種方式說話時，像是在空洞裡拍了一記掌聲，不斷地迴響，雖然是迴響，我卻感受到空洞。到底這些失落帶來的苦和痛，有多重要呢？這些苦和痛在空洞般的感受裡，不斷地迴響著……

10.

你來了，我想著山谷裡的聲音迴響，和你的空洞裡悶雷般的迴響，兩者的差異是什麼？也許這個差異的不同描繪，有助於我了解你可能是怎麼回事。

在山谷和在空洞裡的感受是很主觀的，對任何人來說，這些主觀的感受常是暗地裡，在實質上左右著自己的心情，以及和他人的關係。這個比喻只是個開始，這是我了解你的方式之一。也許不能說是「了解」，而是嘗試「推論」你內在世界的可能狀況，這是比較精準的說法。

我大膽地想著，是否你提過的種種不安和焦慮，以及你喜歡的對象所遭遇的性課題，可能都是在這個空洞裡的迷惘，所產生的各種迴音？它們都需要說出自己的想法，但是背景是，你從小以來的失落和創傷所呈現的那種空洞感，你拒絕再讓自己有這種感受，

於是生活充斥著各種聲音的喧嘩，變成好像生活不再空洞，如前所述，你的薩所羅蘭就這樣建造出各種迷人也迷惑自己的城牆。只是在有些時候，自己會突然蹦出奇怪的想法，讓自己迷失在某個地方。

這種迷失的感覺，並不是讓你可以把視野打開的地方，而是讓你喘不了氣的所在，這是我的推論，你身在這種處境裡，是在空洞裡有迴聲，不是山谷間的那種迴響。也許有人在山谷裡反而會很恐慌，如果是這樣子，那麼我這個比喻對你就不是有效的比喻了。

11.

你來了，當薩所羅蘭走到你面前時，已經在過去史的表面，再鋪上厚厚一層新來的滄桑。新來的滄桑，這種說法是有些奇怪，「滄桑」都是老掉牙的故事，怎麼會是新的？它是從什麼地方來呢？你說著往事，是想要走回以前，但是薩所羅蘭卻自己跑來找你，它有很長的時間都不說話。它帶著委屈吧？至少你看得出來的地方，都是這樣子。

委屈，是常常出現在你說話的背景裡，雖然你幾乎不曾直接提到這兩個字。甚至你常常覺得你不是委屈也不是恨意，而是你被不公平的對待，包括被不公平地生下來。母親不曾問你意見，就生你下來，這表示你想要再回到母親的子宮嗎？顯然這是一個更可怕的問題，因為後來你發現母親根本不在意你，你說你

甚至沒有後退的路了。

　　你是指，連回到子宮的想法，都是不被你接受的了。你只有薩所羅蘭可以回去，全然屬於你自己的迷惘，你相信那不會被母親搶走，你可以慢慢等待父親，你相信父親會來找你，他會知道，你打造的薩所羅蘭就是為了等他。

　　你曾說，你真的不知道父親到底怎麼啦？你想要從他的嘴巴再度聽到，他當年離開前站在門口對你說的話。你竟然記不起來當時他對你說了什麼話，但是你相信，他一定對你說了什麼話，他不會就這樣離開家，你說，他不會走得無聲無息。你說無聲無息時，我卻聽到你發出很大的聲音。

　　我先前還在想著空洞或山谷間的迴響；是否你後來所造出來的各種問題，都是一再地出現，重複迴響般影響著你的生活？或者說，在你的薩所羅蘭裡，你過的日子就是迴響的日子，你的日子一直在那種迴響裡打轉？迴響的聲音變成你真正的日子，你有時候想著，自己真正的聲音是什麼？這是你一直在尋找的，自己是什麼？

12.
　　你來了，連薩所羅蘭都忍不住變老了，帶著委屈，一步一步走向衰老。對你，這幾乎是一場災難，明知會發生，卻不想要它真的發生，這反而帶來災

難！也許「災難」只是一個走過頭的形容詞，在風中，拎著過時卻不想回頭看自己一眼的一句老話：其實你早就等不到，父親親口說出他當年的想法。

父親在你來這裡前，就已經不在人世了。你很小心地用詞，你頓了一下，不知道要如何形容父親的不在人世。為了避免直接用你說的話語，呈現在這裡的是我的語詞：「他不在人世」。雖然這樣子會損減別人更貼近想像你說的話，但是我寧願拉開一些距離，讓想像力再豐富些。

這只是我的假設，我是覺得你的用詞在你說出來的氣氛裡，有著你仍是不相信的意味。父親是不在了，從另一個角度來看，你的薩所羅蘭，父親是在那裡，因為迷惘從來不曾消失過。

你剛來這裡時，我不曾察覺，你的父親已經不在人世了，你流露的是，他一直都在，不曾真的消失。你此刻說，他的肉身已經不在人世了，流露的氣氛仍是，他存在，讓你想要知道當年他離家時，曾對你說了什麼話。你等著他回來找你？或者我帶你走到現在，其實你仍沒有放棄這個期待？這是個不合現實的期待？

但是，從你的反應卻讓我想著，現實是什麼？我提醒你這個現實，就是治療嗎？或者我不要陷在二分法的處境裡，這就變成要不要點出你父親的不在？那我如何告訴你，你想要知道的答案？當我想著，如果

我只說出簡單的回答，可能會失去心理學深度的問題時，你說你的朋友和親戚都告訴過你，要面對現實，他們說你父親早就不在人世了，你怎麼這麼不切實際呢？你說你痛恨這種答案！你當然知道父親早就不在了，甚至他離開不久後，他在你心中早就死掉了！真正的死掉了！你根本不在意他在不在人世！

我驚訝你的說法！讓我驚訝的說法總是在提醒我，我的了解是有距離的，或者表示我根本是不了解。

13.

你來了，嗯，看來我是要再回到不了解的立場。先前的氣氛，我在心中的想法是站在，你的父親在你很小的時候就離開你和母親，但他一直還活著，你是在等他回來，你想問他當年的一些事。跟你工作到現在，對於薩所羅蘭的景象，透過我的驚訝，我想我是需要再回到不了解你的立場。這讓我有些迷惘和困窘，好像這麼多個月的工作，是白白浪費了時間。但是在薩所羅蘭，有所謂「浪費時間」這種事嗎？

14.

你來了，我想著這是另一種了解吧？你的薩所羅蘭是這樣子展現你和父親的關係，內心深處你堅持他是不死的。如果他死了，是離開人世，不是離開你，

你早就為他佈置的世界：薩所羅蘭，在這裡你讓他一直存在著，雖然是以疑問的方式——父親當時是否說了什麼重要的話？和你有關。

甚至你隱隱相信他說的話是類似，有一天，他會回來接你。何以你仍以疑問的方式呈現，而不是很確定他就是這麼說的呢？我也很好奇，何以你要一直處在這種懸浮的狀態裡，讓你的薩所羅蘭仍殘留一些瑕疵？父親的不在，就是一個很大的瑕疵，卻經由你的疑問，變成一個迷惘，這樣就不再是那麼大的瑕疵，是這樣子嗎？其實我並不清楚，我是充滿了好奇，我只能對自己的好奇，保持著某種距離。你仍有自己的長路要走，此刻，我擔心我的好奇，只是薩所羅蘭裡一種很會生長的奇怪雜草。我無意說，我所有的好奇都是一種雜草。

有人說佛洛伊德對精神官能症宣戰，比昂則是對記憶和欲望宣戰。說宣戰，也許有些誇張，但不可否認，從精神分析取向來說，這些帶來人和人之間想要達成理解的困局，的確像風雨中的戰爭。至少是一場接著另一場的風暴，掀起了人性裡無限的糾葛。

如果宣稱是戰爭，這卻是一場打不贏的戰爭；你的困局，好像是為了讓一切都失敗，來成功地打敗自己。這裡頭複雜的勝利結果，是帶來失敗，而失敗捲起風雲，再度集結潰散的力量，隨時準備再一次的成功。

世俗成功和失敗的說法，在這裡已經被混在一起，我不是故意說這些矛盾的話，來混淆你的了解。你是分得很清楚，但你的「清楚」，我也看得很清楚，就是「失敗是成功」的結果。你以疑問，作為中間的緩解，讓成功和失敗之間築起一道高牆。

這種結果，讓你失敗前的成功，難以被看見，它是多麼精緻地，讓你一路走著失敗的道路，而你的疑問，「父親是否說了那句要回來接你的話」，是你心裡成功的創意，卻被你以疑問，削減它的效力。我這麼說，並不是說你的父親真的曾經這麼做，我說的是，薩所羅蘭有一片你從小就建構出來的領域，你把它帶來我這裡，讓我在薩所羅蘭裡經歷著難言卻又不斷說出口的過程，交換著你的從前、現在和未來。

雖然在薩所羅蘭，這些從前、現在和未來都只以相同的時間方式交流著，也可以說，是不需要時間的。

15.

你來了，在薩所羅蘭，我還需要做這些文字的佈展，讓路過的你，能夠每天消化一些迷惘，這些被當作是常識的一部分，是精神分析對文明的重大貢獻。我想要展覽這些想法，等著你來，雖然這些佈展的文字，離要了解人性，和解決你的受苦，仍還有很長的路，至少有這些想法後，可以不再那麼孤寂吧。

15-1 夢

我是夢，更準確的說法是，我是你的夢。但實情是，我不是你的夢，是我把夢送給你，讓你有夢。在佛洛伊德發明了那種特殊的分析治療模式後，我就一直被曝光，不過我跟你保證，我不會因為曝光，就讓我變得到處是光明。如果你要那樣想，那是你的迷信，我不是那樣子的。

如果更多的光進來，只是讓我練就更巧妙的技藝，我可以躲閃，你想要把我攤在陽光下的想像。我坦白告訴你，這不是我睹氣的話，這麼久以來的印證，讓我很有把握這麼說。

其實我也不了解我自己。真的，我是這麼覺得，雖然你常說你做了夢，也就是你是對我說，你做了我，每當你這麼說時，我都會嚇一跳，你怎麼這麼有把握，好像我就是在你的掌握中。但是，明明就是你根本無法掌握我，我每天要出現什麼來表達我的想法，連現在正在說話時的我也不知道。

一如你不是那麼認識自己，因為你連我這位如此親密的夢，我的心意你都還不是那麼了解。每當你說，你是做了夢，你做了我時，我就心中滿滿的狐疑，怎麼可能，我被你做了呢？明明是我做了你，是夢做了你！但表面上，我被流行的說法轉型成，「有夢最美」或者「我有一個夢」，代表你們對於未來的盼望，我好像變成很激勵人心的話語，至少讓人在挫

折時，可以作為依靠的山或港口。但是，如果要我說實話，我必須說，我只是從很小很小的時候，有個小小的願望要說出來而已。我連自己是否要提供未來夢想的願望，都不太確定呢！如果勉強說要有什麼意志力，那就是活下去吧！

但這表示，我沒有死去的想法嗎？仔細想想，不太可能沒有迷惘，你看我連這個這麼重要的主題，都還要再想一想呢！如果你把我說得那麼肯定，是會讓我覺得，到底我怎麼啦？不過看來也還好，反正我就是這樣被誤解、被重讀，只因為我的存在就是要說出心中的話。

你可能還需要再了解、再幫助我吧？我到底是怎麼回事？我也是當局者迷吧？我甚至連自己的說法，都會有一些過濾呢！可能你會希望我直接告訴你，我的心聲，不必臨時找那麼多的替代者，讓你每次起床時就充滿了困惑，不知道我在你睡眠裡，到底要告訴你什麼話。雖然佛洛伊德在百年前，幫我說了我的任務，是使你可以持續睡著，不會受到內外在因子的影響。他也說，如果我有話要說，我其實是要表達我在「嬰孩期的期望」。經過百年了，我的期望到底是什麼，相信大家和你仍覺得是謎吧？我也沒有標準答案，可以讓你明白我的心思。

也許我的存在所隱含的意義，遠比佛洛伊德和後來者所想像的精彩，也就是我本身蘊藏了其它豐富且

待了解和發現的事，涉及了心智的運作，或者，如果分析治療會帶來蛻變的因子，也可能透過探索我而得到一些新的想法。至少我是這麼覺得。

不過，佛洛伊德倒是提了幾個關於我的不錯想法，例如，我為了避開監督者，而採用兩種基本手法，濃縮和取代，捕捉一些材料，來表達我「嬰孩期的期待」。雖只是兩種基本手法，卻可以玩出千百種樣子，再加上每次隨手取得的記憶都不同……反正我就是用這種手法，交錯地來拼湊出自己的樣子。

因此你大概很難想像，我是如此多重樣貌，多得讓我自己幾乎很難說出我是什麼。好了，你快要醒了，明天，我再來談談自己吧……

15-2 自我

我叫做「自我」，不過我不是大家認為的那個自我或自己喔，這需要一些說明，才會讓你有所了解。

其實，我走錯了人生，尤其在台灣這塊土地上，但它卻是我能夠立足的所在。先不管在國際間所說的我是指什麼，首先，我的英文是ego，台灣當年依當時的見解叫做「自我」，所以我就這樣被叫著，我也不覺得奇怪，反正那時候，我也覺得好威風。你的很多事情都跟我有關，我被當作是在你背後的主要操作者，有些像布袋戲裡的藏鏡人。

我不是壞人也不是好人，因為當好人或壞人，不是我的主要目標。我的目標就只是如何讓你可以活下去，而且是在最少受苦的感覺裡，活著。雖然很多的創傷經驗，對你來說是無法容忍的迷惘，甚至會被那些痛苦淹沒而難以走下去，那時候我就會出面處理。

　　有個小秘密，你可能不知道，所以才會叫我「自我」，雖然現在要更改我的名字，看來不是那麼容易了，畢竟大家也都習慣了，不過我仍不得不說——佛洛伊德說我只是個奴僕，而我的主人有三位：原我、超我和外在環境。

　　坦白說，這是事實，它們都是嚴厲的主人，一心一意要得到滿足，我只能在這三位主人之間找出路。這不是容易的事，不過至少到目前，我都完成了我該做的任務，不然你是無法過日子的。三位主人施壓要我完成的事，我處理的原則不是現實的利弊衡量，我是依據那時候怎麼做最能降低受苦而決定，這才是我主要的工作基礎。

　　只是這樣的結果，可能不合乎現實，但偏偏現實，是你在那時候無法承認的殘酷。就這樣，會累積出一些問題。你大概早就遺忘了，你正經歷某些受苦是來自先前那些處置，在時過境遷後會遭遇的困局。這超過我能處理的範圍了。

　　我也可以這樣形容我的工作：窮盡力量，在面對受苦時，降低受苦的方式，也就是築牆。

或許你遺忘了這些問題的原始背景，因而讓你覺得問題是糟糕的，要把它們踢出去，每一次踢出去，其實就是建造了一道圍牆，把它阻隔在外。久而久之，你就很難想像，而且也早就遺忘了，這些錯綜複雜圍出來的牆，它的脈絡是什麼。

　　就這樣，日子在這些圍牆之間遊走著呢！你會覺得這是命運，其實有可能就是這樣子一步一步走出來的結果。我不是說風涼話，畢竟我只能盡力依著自己的原則來折衝，不然局面可能會更糟糕也說不定。

　　但是問題來了，久而久之，你也把我當作是做自己的自己，我也不適應啊，那是在英文裡self所承擔的工作，是你覺得自己是怎樣的人，你卻把它加在我這個ego身上，試想，你會以奴僕作為「做自己」的自己嗎？這種情形在台灣更明顯——當把我叫做「自我」時，就已經注定了目前的問題。這是當年幫我命名時的思慮和經驗，並沒有想到我的真正本質，而把我取名為「自我」的謬誤。

　　偏偏「自我」在日常用語裡，是更接近目前self的概念，例如「自我概念」（self-concept）之類的，這項工作要由它來說，我所知有限，但是被強加在「自我」上的問題，就會因此浮現出來。試想，「自我」在目前是奴僕，但是當你在說「自我」時，你又當作那是主人，但是我就不是主人啊！

　　因此你要將「自我」當作主人時，其實你心裡想

的，不是我，而是想著別人，那是self。一般人是很難區分這種差別，但是自從佛洛伊德開展精神分析後，我的名字也被他限定了啊！除非你決定，「自我」是包括ego和self，當你叫「自我」時，我和self都要出面回應。不過我們畢竟有不同的分工啊，如果要再修改這分工表，得修改很多文章的概念呢！該怎麼辦？

這超過我能做的事了，只能由你和你周遭的人，或者相關的專業職人，你們如果知道曾發生過這樣的誤解就好了。我有事要忙了，你的「超我」剛剛在責怪我，怎麼沒有注意到而引發你的罪惡感呢？一定是我有什麼做得不到位。我要忙了，你就好好想一下我所說的：到底你要做自己時，你想要誰做你的自己？

15-3 原我

我叫做「原我」，我剛剛一直打斷「自我」的話，我要它一定要記得去執行我交待的事情。我要「自我」幫我完成表達我對你老板的不滿，只是你背後的「超我」在作怪，它表面看來是阻止我，但實際上它是在推動我完成任務。

也許你很難了解，「超我」為什麼這樣？或它的心思是什麼？等它自己告訴你，我是要向你表明，我是主人，不要老想著要把什麼做掉，要把我趕出你的世界，這是不可能的事。就算「超我」覺得自己很有

道德感，但是它的道德需要我去做了某些衝動的事之後，它才有機會站出來宣稱它的權力。

不過我知道，我只能在暗黑裡存在，但這種暗黑的比喻，我並不是很滿意，對我來說，我的世界一點也不暗黑，是你和社會不願正視我的存在，才會以為我是暗黑裡的東西。的確，我不是具體有形的存在，若要我形容自己的模樣，也許可以說是一團能量。

我有我的運作邏輯，佛洛伊德粗略地以「性本能」和「死亡本能」作為我的代表。我是知道只靠我自己是無法讓你活下去，畢竟我也容易和其他人的「原我」有所衝突，因此我是需要你，而你可以說是我的分身，出去多年後，你再結合其它的功能，回過頭來成為讓我的欲望能夠落實的主要人物。

我作為「原我」的角色，自然是堅持自己的欲望要被滿足，雖然佛洛伊德因此說，我是位嚴厲的主人，只想著要讓自己的欲望被滿足。或許他說對了，也可以說，這就是他編派給我的角色，我是只能依照他的版本，全力貢獻自己。我相信如果我不見了，你也只是一個有氣無力的人，你的生命變成只有規律的迷惘，卻沒有活力的一生。

如果沒有我的推動，我相信也不會有你說的「夢」這件事。試想沒有夢的你，是件多麼可怕的事呢？還好，就算你會想要把我排除掉，我終究是在的，也許你的話語、你的力量走到我這裡前，已經都

散失掉了。能夠走到我這裡的話語是很少的，就算你派了大隊的話語，要來指出我的破壞力，我的經驗是，大部分的話語都在半途就不見了。

也許可以在外圍圈成一個限制的區域，讓我暫時只在圈內活動；我是可以感受到這點，就像有皮膚那般，但我總想要突破，畢竟，這才是我的生命力。如同一朵花被編派作為一朵花時，自然就是要開出一朵花。至於和我處於競爭的「超我」和殘酷的外在環境，我和它們之間是沒法溝通，我們都堅持己見。

我沒想到一路走來，你就創造出「自我」，讓它來服侍我們，它是很謹慎地做著它該做的工作，但可不要指望我會同情它，對我來說，我就是要盡力讓自己得到滿足，這才是我的天性吧！雖然歸諸於天性的說詞有些老套，我甚至相信，你不可能永遠駕馭我，這是不可能的任務。如果你只是一心一意要這麼做，我知道，有很大的部分是來自於外在環境的要求，那是文明的成就，你也會引以為傲，只是我的不滿就來自於你的文明。千百年來，我已經深信，你的文明不足以撲滅我，我依然會是我。

不過我還是違反本性，善意提醒你，當你宣稱要做自己時，要謹慎地想一下，你說的「做自己」，可能不是「自我」，而是我的憤怒，或是我覺得不夠滿足——你或其他人給我的，是不夠我要的，只因為你根本很難知道，我要的到底是什麼？

15-4 超我

　　我叫做「超我」。有時候，你認為我是道德良善的把關者，或者文明的推動者，我無法拒絕這些被編派的角色，但如果我沒有想錯，自從佛洛伊德定下了旨意，我就一直是個監督者。這是從《夢的解析》裡，我就被派定的角色，很有趣的是，他一直無法給我一個特定的名字，而是以「有位監督者存在」的方式捕捉我。

　　我原本的模樣是多樣的，難以一下子就被定名，直到1923年，在《原我與自我》裡，才幫我正式命名為「超我」。但是你看，他在這篇重要文章宣告決定我的名字，主題也不是把我張貼在明顯的標題上呢！也許這就反映著，我是後來才出生的吧，不是原始的存在，是在「原我」、「自我」和外在環境搏鬥過程裡，才逐漸創造出我。

　　這是大工程吧！先是以「自我的理想者」來描繪我的原始樣貌，我就是在要讓你有理想下誕生的。我也不會忘記自己的出身，但是隨著我的長大，也衍生了不少問題和迷惘，譬如我常出現一些理想的堅持，甚至會覺得，只有我的理想才是唯一的理想；我覺得別人的想法都太現實，不符合我的理想化的期待。我必須說這就是我的堅持，唯一的理想者，當你代表我在和他人及外在環境接觸時，我的堅持卻常讓你和他人格格不入。我自然不會讓你覺得，那是我的問題，

我一定設法讓你覺得，你的堅持一定是對的，最完美的堅持。

至於你因此而得罪他人，或者讓他人覺得被你貶抑攻擊，這是無法避免的後果，我知道你也叫「自我」居間協調，來滿足我的理想期待，不過，可不要覺得我會因此就體恤你的辛勞，對我來說，無止盡的要求完美，才是我的責任。也許你不想承認的是，我是施壓者，我是帶給你麻煩的人——只是我以理想為名，以完美為名，讓你和他人被數落。

這麼做，讓你被推到另一端，你不是理想和完美的人——這可不是所有人都能承受的看法呢！我從很小就被餵養理想化的食品，因此我的堅持就是這麼原始有力，後來慢慢堆疊上來的現實，也許會形成一種矛盾掙扎，讓你想著理想和現實的抉擇。但對我來說，這是虛假的命題，我沒有現實的問題，我只一心一意堅持我的理想。

如果有一天你突然驚覺，怎麼我堅持的理想會如此傷人，是因為這些理想是來自生命早年的挫折時，你所幻想出來的美好，變成了我的營養，讓我長成這種模樣。從外在現實來說，我的理想脫離了現實，根本不可行，沒有任何人可以做得到，根本就只是要來搞破壞。

是嘛，即使我不這麼想，但看見你因此而和他人格格不入卻也是事實，好吧，快把「自我」叫來吧！

15-5 憂鬱要說話

它堅持自己行不改名，坐也不改姓，它就叫做「憂鬱」。不過，它發現自己已經像個神了，它幾乎是同意這種神般的位置，只因為它的存在比任何人都更久遠。

「憂鬱」在掙扎後，想要以我來替自己說話……

有誰比我還資深呢？自從有人存在，就存在我，我是老化石，我一直都在，早就是人類心靈裡的一部分，只是大家都不喜歡我，自古以來就以各種其它名稱要來取代我，甚至我現在堅持叫做「憂鬱」，也不必然有什麼意義，也許在多年後，又有人堅持要改我的名字，好像我只是他們心中的一塊殖民地。

如果有心理學，我會是什麼心理呢？難道我只是問題的來源嗎？其實我是不斷地要克服、要避開最艱苦的情感；當我覺得失去了什麼之後，我一路尋找各種方式來圍堵自己。我默默地，只能在沒有資源的情況下，掙扎著護著我唯一擁有的——想像。

這些想像以彎彎曲曲的方式，透過你來執行，你無法知道我是如此委屈求全，需要避開其它監督者，只為了讓我在遭遇失落後，遺留的空洞裡，思索著自己的命運。

我無法一直追著你，要你體諒我，伸手拉我一把，那都被阻隔在層層城牆外。它的確就是城牆，為了擋掉那種空洞感，那會使我淹沒，但那也不是我的

全部啊，我仍需要活下去，在空洞感裡繼續活下去。早期我被當作是「懶惰病」，這讓我更加見不得人，只能繼續躲在失落後的空洞裡，守著它，好像守著已經失去你後的影子。

　　我是片面知道，你的父親不告而別，母親就把你丟在阿嬤家裡，你在不同的親戚的家裡長大。你甚至不覺得自己有長大，雖然我是看著你的身軀一路長大的過程，甚至你的荷爾蒙開始變化後，對我帶來困擾，我好像變成了扯你後腿的人，但是我也要過日子啊！你那些莫名而來的興奮，造成了我要守著這個空洞都很困難；我可是一心一意，替你守著當年啊！

　　其實不只一個空洞，畢竟你的失落，怎麼可能只有一個呢！你是那樣過著你的童年，愈來愈多的空洞……有人說那是陰影，有陰影就要有對立的光，我完全不知道光或暗這件事，反正我就是替你守著你的那些荷爾蒙，可是它們毫不客氣呢，當它們開始變得更多時，你的卵子跑出卵巢，又形成另一個空洞，還好經過時間的驗證，那些卵巢裡的空洞，和你在童年遭遇的失落後所留下的空洞，是有所不同的迷惘。但我管不著那些，你是愈來愈忘記我的存在，我只好以無聲的方式叫喚你，要你注意我。

　　我不是懶惰的化身，我只是嘗試活下去，資源卻被斷絕，於是愈來愈多的空洞丟過來……

15-6 憂鬱的心聲

我是「憂鬱」，我還有話要說，並不是我多麼了解自己，所以才要說話，就好像你對別人說的，你不覺得自己有憂鬱，雖然常常心情不太好，起初好像是有一些事情讓你這樣子，但是久了，你更常覺得是莫名的緣故。我還不知能說什麼，如果我硬要告訴你，就會說：這就是憂鬱啊！

但是，我這麼說有什麼意義嗎？替你扣上一頂帽子？我想讓你知道的是，否認自己憂鬱，並不是最重要的事，畢竟我代表很多內在裡的反應，這反而是我很在意的，希望可以被了解。是啊，有人可以了解我是什麼，比起硬要扣上名字來得更重要；雖然佛洛伊德談論了很多理論，但是他也曾承認，他對於失落和失落後苦痛的了解是有限的。他的意思是指，他了解有限，因為他相對花比較少心力探索和描繪失落的苦痛。然而他開啟自我分析的重要緣由之一，是跟他父親的過世，讓他陷在抑鬱裡有關。

不過我倒沒必要說，你看，連佛洛伊德也曾這樣！那麼，有我和你一起，也不是多丟臉的事。如果我是所有外顯出來的問題，是以失落作為核心而出現，我的存在是需要找找「失落什麼，才會有後續反應」？

我的理解是，你和大家都各有見解，我也無法替自己做最後的定義，有些無奈！是你們的定義，在決

定我的日常生活，不過我的空洞看來就只能這樣子，由你們來決定。但是如果以「失落」作為我主要的歷史，我的命運仍想掌握在自己手中，不過，已是空洞和陰影了，還能替自己掌握什麼嗎？

你一定是認為，我是什麼都不想做，在替自己找藉口。你可能很難了解，我需要為了克服空洞感，做各種嘗試，只為了讓自己可以面對空空洞洞的苦和痛。但這卻是你最不想讓自己感受到的，你只想把我丟棄一旁，好像我真的不存在！你可能不知道愈是這樣，愈會讓苦痛蔓延，甚至最後，我也被自己的空洞給淹沒了。

我無法掌握，從我的抗拒到最後掙扎，都是沒有用處，直到被自己的迷惘吞沒。我甚至無法確定，為什麼這些空洞感和失落，不是你努力填塞什麼，就會讓我覺得這是我要的，然後就可以不再那麼空虛了？也許有那麼一刻會讓我覺得有種滿足感，但大都只是一下下就又被空虛再度凌駕。

我如何描述那種空虛駕馭著我，讓你遍體空洞？可是空洞不是沒有東西，不能只想要塞東西進來，因為可能是相反的，空洞已經塞滿了無力感、無助感和無望感，這些「無」以有力氣的方式拖著我，也連累你，被我牽制著而難以脫身。

你想把我的問題簡化成，我只是「負向想法」造成的，因此連累你，但我必須說，這個簡單的歸納，

是一種盲目，無視我的複雜性。想以一句話了解我，我怎麼可能因此就改變了呢？用一句簡單的結論，要把我的嘴巴堵住，在我還沒有走到完全不想說話前，我是想要反駁的！請你注意，不要簡化我的複雜性，要讓我能夠呈現我的多重樣貌，你才有機會慢慢了解我。

15-7 無力感也想替自己說話

我是「無力感」。這是很奇怪的名字，你花了很長的時間，都還沒有認出我，因為你是一直活在有力的心情裡，你是拒絕知道，你那些有力是怎麼來的。你為了拒絕我的存在，隨手抓了很多路過的力道，這些力道可能來自你的母親。

在你小學之後，她突然跑到阿嬤家，說要把你接回去一起住。你覺得，母親只是一個陌生人，但你無法拒絕。阿嬤和阿姨們都覺得，母親的出現，是解救了她們。她們覺得，你是很難被了解的小孩。你很沈默，卻不斷地吸收著周遭的人給你的壓力，這些壓力都被你吸收下來，成為你有力的來源。這是你的能耐吧？但是你的有力，並無法把我的無力趕走，你吸收來自別人的力量，但是我的無力感並不會因此變得有力。

這是因為，你的有力大都是充滿了怒意。你最常說的是，你的所有問題都是你媽媽當年害的，讓你無

73

法和別人比評，讓你的自尊心比別人低！這個結論是你集結力量的來源，無力者的我只能一路迷惘，在旁看著你引進各種壓力，把它們轉變成你的怒意。這種力量並無法讓我也有力氣，你引進來的有力，都是隱含著要把我踢走，因為你不想要無力感，就像當年母親不要你，把你丟給阿嬤和阿姨們輪流帶的那種感覺。

你是被丟掉的人，你極力要把我趕走，只是你從來沒有成功過，我自始至終一路在後頭跟著你，這也讓你不敢成功的完成一件事，任何事只要有成功的需要時，你在一半時就會做不下去了。當你沒有成功把我趕走後，你就不再可能會有其它的成功了，就這樣，我也成為你的公敵；為了不讓無力感成功，你也連帶著不能有其它方面成功的經驗。

我說這些你可能還聽不懂，如果你還無法讓自己體會無力感是什麼樣的心情——我說，你那些有力都是來自你自己走向阻止成功的達成，或許，成功的興奮，會讓你覺得那是很髒的感覺......

15-8 無助感在找誰呢？

我是「無助感」。你大概很難看清楚我的模樣，我也看不清楚自己，因為我需要別人，也可以說我需要其它客體對象，甚至如果說，我是在客體的眼光裡才能看見自己，這也沒有錯。你一定會覺得很不屑，

你是靠自己活下來的。如果拿媽媽一點錢，你就會覺得人生完全失敗。

不過我是「無助感」，意思是，我找不到哪種客體，讓我覺得看著他的存在，就可以升起人生的溫暖。你無法理解我？我早就是你的一部分了，我會佔有你多大部分，完全看你如何對待我。你愈忽視我，我就會不由自主地膨脹起來，讓你可以感受到我的存在。

我知道到現在你都還不願叫出我的名字，以為只要不呼喊我的名字，我就不會干擾你。作為會干擾你的角色，就算你不願意，我也是無奈，我的誕生本來就是一場人生的荒謬。人生到處都有人，但是你的生命歷程裡，卻是處處災難，父親消失了，你卻一直覺得，只有他是世界上最好的人。母親也曾經突然消失了，直到你讀小學後，她才突然出現，說她是你的母親，要把你帶到城市讀書。她說留在鄉下，你會沒有出息！你到現在都還一直被這句「要有出息」干擾著，一直在尋找可以看見你的人。但是別人的「看見」早就不是你要的「看見」了，對你來說，你是變成看不見其他的人了。

你說自己是靠自己長大的，直到現在，你還在抱怨如果不是母親不理你，你早就是個成功的人了，只是成功的意義不大，因為沒有人可以看見你的迷惘，那等於成功也是一件無聊透頂的事！每一次，你處於

這種感覺，就替我加上一層重擔，讓我更沈重。但我的感嘆，會讓好像走在街頭上的你，突然不知要往那個方向去。只有在我這口氣吐完後，你才能繼續走，以你原先把我擠在角落的力量，提起你的雙腳往前走。你說，你的走，就只是走。

15-9 無望感

我是「無望感」。我跟「有希望」不是鄰居，因為「有希望」只是被推出來滅絕我！不是我不想自己走進歷史灰燼，而是你搬來愈多的希望，都只是一時的興奮，很快地那些有希望的感覺，就會替我再加進生力軍，我早就知道，我的對手不是有希望的感覺，而是當你抬出希望，一心一意要淹沒我。

偶爾，你是成功的，但是這種成功很詭異，當你以一時的希望，成功的淹沒我後，這種成功就變成我的一部分，所以是成功淹沒成功。這讓我看起來很矛盾，到底我是不是想以成功，作為無望感的啟動者？我自然希望我是成功者，這可是你一路以來餵我長大的，雖然你是怪著母親，說母親害了你，讓你無法有所成就，無法和他人比評。你成功地這麼認為。

你一心一意想要成功，想要做到比別人強，只是你還很難發現，你這麼想是讓你走向另一方。也就是走向我，讓我愈來愈強大，因為你的成功是要讓我能夠更強大，更能夠發聲，讓你有更大的啟動力，在這

趟人生旅程走下去。你是不會服輸的，你的成功讓我可以強大，你希望有真正的人生目標會出現。

雖然你跟別人說的，都是你的希望，要賺很多很多錢、可以有幾棟房子、幾輛車子，你覺得只能用「幾輛」，而不是一個固定的數字，因為固定的數字就表示你不想再上進了。只要你浮現這個念頭：「你不想上進了」，你就會陷進很深的困局，也就是換我來接替你，代理你一小陣子。但是我感受到有另一股迷惘的力量在牽動我，讓我無法隨心所欲的施展。我不認識對方，但它總是讓我無法完全伸展手腳。

我是不會跟你對峙的，因為我深深依賴你，而你也深深依賴我，但你是以「不想要我」的方式來依賴我，就像你在無窮盡的抱怨著母親的當年，這種抱怨，讓你緊緊抓著當年的時光，是很細微奧妙的依賴，不是以「感覺到依賴」的方式出現。

在你的念頭裡，你寧願說那是恨意，不是依賴，或者就讓依賴和恨意，緊緊相連，這讓我的命運和你更緊密......但我的呼喚卻只讓你想要離我更遠......難道我的心聲能不呼喚嗎？

15-10 自我再說話

我比想像中的複雜，作為自己，卻覺得自己很複雜。這種心情也是複雜的，我是你想像中的自己嗎？這可不是打著謎語，而是你我心中深深的疑惑吧？你

習慣說，我是你的自己，但什麼是你的自己，卻千頭萬緒，不是我故意鬧著你，要把你弄混亂，而是對你來說，這個世界原本就是令人混亂的。除非是盲目，不然不可能不會注意到，混亂的世界裡，你是如何站穩腳步後，忙著找我來幫忙你，讓你的迷惘可以有條生路。是的，我就是要在混亂裡，找出路的人。佛洛伊德後來發現，我只是一個奴僕，我必須在原我、超我和外在環境的夾縫裡，尋找出路。

你還小的時候，我能做的是幫你構造出一道又一道的防衛，零星的到成為一個系統化的防衛。你去了薩所羅蘭，帶著我，我需要應對的外人又多了一件。對我來說，原本以為就像以前那樣的防衛，在縫細裡找出路就可以了，沒想到你帶我去了薩所羅蘭後，卻不是這麼一回事。

這回要對付的，不是一般人了，就算她是一般人，也是很難纏的一般人，是你自己找苦吃。不過你也知道，除非你的無力感淹沒了你，我是一直在尋找出路。尋找出路的老方法，就是先搭建起防衛的圍牆，但她卻是難纏的人，老是不滿意，就算她不說話，你我都還是會知道，她好像在等待什麼，是你把我帶到這個險境裡。

雖然我不知道為什麼她是危險人物，不過我還是會先保護你，這是我作為奴僕的基本要求。只要有能量在，我就不會改變，也許佛洛伊德當初就是在他的

78

文字海裡，這樣子打造我的吧！它賦予我這個重責大任，我沒有拒絕的權利，我也不會逃走。我只會好好的把握原則，尋找出路，雖然有時候出路就是「症狀」，這是你不喜歡的。不過你也要了解，這可是不得不的處置啊，你可不能只要求我解決問題，卻又不斷地把我帶進問題裡，逼迫我處理。我已經忘記我上次笑是什麼時候的事了，這是多麼難的事，還要有「笑」來宣稱自己的存在。

在薩所羅蘭，要主張我的存在，並不是我最在意的事情。我只是盡力完成我的職責，難題在於，你可能很難理解，我用的指導原則，不是依著現實計算衡量的方式，而是如何讓你在最不受苦的情況下，仍可以繼續走下去。

對你來說，活著是不容易的事，我的任務是減少痛苦所帶來的負擔，更困難的是，這些運作方式都在你不會注意到的地方，也就是你根本不會知道，是我在替你工作，因為在你可以意識到痛苦前，痛苦就被我妥協處理掉了。如果還有意識到受苦，那是我無法完全處理，而留下的一些殘跡，甚至這些受苦殘跡，也被我轉型過了，它們會移轉到其它事情上。這當然就使你更不知道，到底曾經發生過什麼事了？我也無法回答你，何以後來你會有興趣想要知道這些細節？也就是一般說的，想要認識自己，了解自己。這個自己並不必然就是我，而是你的心智裡的另一位。雖然

在你想要認識自己的過程，也是需要我的存在，幫忙你可以實現這種可能性。

如果有人問，「人性」是什麼？或許我不能做我自己，就是你的「人性」，但我是居中協調妥協的重要代理者……

15-11 其它值得想的

無力感、無助感和無望感，三個「無」加起來，會有多少「無中生有」的力量呢？最後走向「無心心理學」，這個「心」是指注意力所投射的所在（如比昂在《Attention and Interpretation》所提的注意力？）三個「無」的代理者是什麼？「無」和「無」之間如何交戰或交織？

無心於某件重要的事情時，是什麼意思？換另一種說法是，注意力未放在那件事上，無心裡隱含著什麼迷惘呢？試著以無力感、無助感和無望感來描述「無心」所帶來的現象裡的某些想法。在這些情況下，「自我」如何服侍著「超我」、「原我」和外在現實？

「無」的擬人化，合力打造著「憂鬱」，「憂鬱」是最早的大人，四散的「無」如同小孩要建構出大人世界，這也是「憂鬱」打造出來的。

我們認識這三個「無」嗎？要透過什麼方式認識它們？它們有代理者，來代表它們表達心聲嗎？如果

把「憂鬱」擬人化，以「它」作為代理者，不只是id 的它，而是「自我」、「原我」（id）、「超我」和外在環境，它們相互交織的整體結果。是否這就是失落抑鬱的過程？也是這三個「無」從無中生有的過程？或者原本是「有」，卻失去了，而變成「無」？或不論何者為先，最後當「無」出場呈現自己後，就有「無中生有」的主題了⋯⋯

悲傷的阿莎布魯
為了虛度
別人的時間
（想不起是誰欠的）
伸手打開胸膛的
天窗
卻走不出來
自己曾說過的亮話

七彩虹光想念媽媽，
想用一道白光看見真實母親

　　本文不是以七彩虹光來談論同志的意象，而是以七彩虹光來演繹嬰孩心理過程裡，對於雙親意象的形塑——眼前的雙親是如何形成現在這樣的人呢？我想用白光裡，可以折射出七彩虹光的意象，來談一般常見的失落創傷的個案，他們乍看是對雙親愛恨矛盾，卻藏有更多迷惘和茫然的心思；他們眼光流露的虹光裡有多少謎題呢？

　　我主張迷惘和茫然的心思，是起源自生命很早年，這是我們想像個案潛在心理的基礎。溫尼科特（Winnicott）在《原始的情緒發展》裡提過，「在過去的二十年中，已展示我們如何發展對潛意識幻想的興趣，以及關於病人的內在結構及其本能經驗的起源，何以病人自身的幻想如此重要。我們還進一步展示，在某些案例中，是病人對於他內在結構的幻想，那至關重要，因此，對憂鬱和對抗憂鬱的防衛進行分析，不能只考慮病人與真實人們的關係，以及他對他們的幻想基礎上進行。重新看病人對自己的幻想，打

開了對應病症分析的寬廣領域裡，其中病人對自己內心世界的幻想，包括這是位於他自己身體內的幻想。」（吳立妍 譯，Primitive Emotional Development, 1945）

我們的科學常識早就知道，白光裡有著可以被折射分離出來的多種虹光，我是以七彩虹光來說明個案內心世界的多重幻想，最後聚集成白光反射出來。更精細地說，不只有七彩虹光，不過在這裡就以此作為比喻，來想像雙親作為客體，在嬰孩的心理發展過程，是如何從「部分客體」（part object）變成「完整客體」（whole object）？

在這裡僅以母親為例，利用系譜光線的比喻，來說明個案內在世界裡多重層次的幻想，如何影響個案談論生命早年的創傷經驗。個案常常呈現的是，聚焦在對母親的不滿，但對迫害他的父親卻閉口不談。對母親不滿，卻又想要替母親找理由，解釋當年面對這些迷惘和茫然的狀態。

後來就算是以愛恨分明的矛盾作為主訴，卻又會以各種方式補充說明，覺得自己並不了解家人，尤其是對母親的感受。對於這種現象，我的想像是，個案以白天的光線看著母親，那是他此刻談論母親的模樣，但是這些白光是可以折射出不同層次，至少七種以上的光譜，而每種光裡夾帶著他在發展過程裡，逐步堆砌起來的不同色彩的母親形象。

就發展過程，嬰孩是需要時間，溫尼科特這麼

說，「人們常常注意到，在五到六個月大時，嬰兒發生了變化，這使我們比以前更容易運用一般人的發展概念，來說明嬰孩的情感發展。安娜·佛洛伊德（Anna Freud）對此提出相當特殊的觀點，她認為小嬰兒更關注的是在某些照顧層面，而不是特定的人。Bowlby最近表達一個觀點，相對於與母親的分離，六個月前的嬰兒受到的影響並不明顯，不會像六個月大後那樣受影響。」（吳立妍 譯，Primitive Emotional Development, 1945）

他主張五六個月大的嬰孩在發展上有重大變化，尤其是涉及和外在客體的關係時，「可以說，在這個階段，嬰兒在他的遊戲中，表現出他可以理解自己有一個內在，而且事物是來自外在。他表現出知道自己因他所攝入的東西(身體的與心理的)而更豐富。此外，他表現出他知道當他從某物得到了他想得到的後，他也能捨棄它。所有的這些表現了巨大的進步。起初它只能隨著時間而到達，而且這種進步的每個細節都可能因為焦慮而退行後又失去。」（吳立妍 譯，Primitive Emotional Development, 1945）

就象徵意義來說，這些攝入的母親意象，構成了我描述的七彩系譜裡，不同光譜的母親，但由於創傷經驗，使得不同光譜的母親，是各自分離地存在嬰孩的心智裡，雖然在意識上，可能仍維持著只有一個如白光般的母親。

溫尼科特的《原始情緒發展》談到dissociation（解離）時，我想到如光譜般的母親。當個案說從小到大自己對於母親的感受時，我們常會覺得個案可能說得矛盾，例如抱怨母親從小把他送至阿嬤家，但又覺得母親也有苦衷，故事就在這兩種情況下打轉。雖然有著不同的故事，分別說著這兩種心情，對於這種情況，我們傾向把個案的說詞，想成是他的矛盾或是他的阻抗。我們以為個案是難以接受自己有對母親的恨意，因而再以「母親還是有不錯的地方」來說服自己，讓自己變得矛盾，卻多多少少模糊了自己的恨意，這是個案常呈現出來的樣貌。

　　「許多嬰兒在生命最初24小時的某些時期，就朝著整合（integration）的方向前進。在其他情況下，由於早期為了抑制貪婪的攻擊，這過程會延遲或倒退。在正常嬰兒的生命中，有很長一段時間，嬰兒並不介意他是很多的片片斷斷，還是一個完整的存在，或者他是存活在母親的臉上，還是活在自己的身體裡，只要他有時覺得統整在一起，可以感覺到一些什麼。稍後，我將嘗試解釋為什麼解體（disintegration）會令人感到恐懼，而未整合（unintegration）卻不會。」（吳立妍 譯，Primitive Emotional Development, 1945）

　　而我們也可能跟著以為，這是個案唯一的矛盾，好像只要他解決了對母親的愛恨矛盾，那麼他的人生就不一樣了。但是個案重複地在這種愛恨裡，來來回回，

就會讓我們覺得是有所阻抗。但是我們指出這種矛盾是阻抗，通常效用也有限，個案好像是聽不懂的感覺，畢竟這種矛盾的存在，也許是讓自己不會出現整合的解體的某種力量；糾纏在矛盾的情緒裡，這些情緒是某種力量，阻抗了恐懼自己會持續解體的感受，因為在矛盾情感裡，就不易意識到自己會解體的恐懼感。

　　這種感覺裡涉及了從最原始對於母親乳房的接觸，而產生心中母親的幻想，這是起步走的開始，往後的人生則是層層心理意象的重疊，形成了所謂「完整母親」的樣貌。由於臨床上常聽到，當個案在抱怨母親當年的忽略，卻也同時在替母親說情，他瞬間從受害者，變成要替加害者說情的人。很多當年的事務仍是未明的，但這時候他以為自己是以一道整合的白光般，以「完整客體」的模樣來看待母親，雖然內心世界是如同七彩光束分層的「部分客體」想像母親。

　　由於個案此刻說著媽媽的作為時，是以媽媽是個完整客體的角度來說，但是這裡頭卻是隱含著破碎和分層光譜般的母親。如果是使用「分裂」（splitting）來形容也是適切的，只是溫尼科特在這篇文章裡是以「解離」作為心理作用的主要機制。他給予這個心理機制特定的定義，他是這麼形容嬰孩在發展過程的樣貌，「在環境方面，育兒技術的點點滴滴，看到的臉孔和聽到的聲音，以及聞到的氣味，只會逐漸地拼湊在一起，成為一個被稱為母親的存在。在對精神病人

進行分析時的移情情境下，我們得到最清楚的證據，顯示未整合的精神病狀態，在個人情感發展過程裡很原始的階段中，是自然就存在的現象。」（吳立妍 譯，Primitive Emotional Development, 1945）

　　因此我的假設是這樣，如溫尼科特在《原始的情緒發展》裡，試圖以整合、未整合和整合的解體的概念，來描繪生命早年對於自己是什麼的形成過程。「整合」是一般假設讓人覺得，以前的自己是自己；而「未整合」是指很原始的散裂狀態；至於「整合的解體」，意指在整合後又因某些創傷而解體。如果以這些概念來看他對母親的不同感受，實情上比只有愛恨還要更複雜，因此常見個案的說詞是，不清楚自己是怎麼回事，不知怎麼會對母親這樣子？

　　這些好像有所反思的疑問，無法讓個案更清楚自己是怎麼回事的茫然，甚至就一直沈浸在這些困惑裡，讓困惑和茫然指導著日常生活，過著好像有著困惑的習題，但實情上卻是如前述的，愛恨分明交織的難分難解，因而難以說清楚這種情況，只是原先說不清楚的主要舞台的視野，卻是悄悄移轉至愛恨分明的二分爭議裡了。以七彩光譜成白光，來想像前述的整合課題，或是對於母親何以既愛又恨，其實個案覺得說不清楚，是因為個案以為自己是以清楚的白光，來看自己和母親的關係。

　　但其實他從小到大的發展過程裡，從以乳房這個

「部分客體」當作是母親，到後來發展成看待具體完整的母親，這中間的發展過程不是只有兩端點而已，而是如同光譜般的，從乳房到完整具體的母親，如果我以他仍有紅光母親、橙光母親，到紫光母親等意象的存在，他看自己的母親應該是七彩聚合後的白光。而實情是，他帶著七彩光看著同位母親，但每道光彩之間又是不同的母親形象。

相對於一位整合的母親，這種不同色彩的母親，使他感到困惑，讓他有說不清楚的迷惘。對這些現象的解讀，可能也不同於只以「矛盾」的角度，以為說清楚矛盾的內容就可釐清。或許這些是早就共時存在，而且仍會持續如光譜般潛存的母親概念。這不是意識上的概念，但是對於母親多重樣貌的描述，卻是常見的臨床現象。簡化的說法是，七彩光譜裡有著不同印象的母親，這些光譜聚成白光後，讓他可以看見眼前的母親，但是心思裡卻是多重的光彩。

「根據我的觀點，從未整合中發展出了一系列所謂『解離』（dissociation）的東西，這是由於整合是不完整或只是部分整合所致。採取了安靜的和激動的狀態。我認為嬰兒無法一開始就意識到，在嬰兒床裡感覺到這個那個，或者享受著沐浴時皮膚的刺激，跟那個哭喊吼叫要立即滿足，想得到奶，得不到奶便有摧毀某些東西的渴望，這些都是一樣的他。這意味著，他起初並不知道，他透過安靜的經驗而建造的母

親，與他心目中想摧毀的乳房，兩者背後的力量是一樣的。」（吳立妍 譯，Primitive Emotional Development, 1945）

如果從這個主張來看他所說的，對母親的不同感受，不必然只是阻抗，而是涉及整合的課題。他的七彩母親，由於每道光的強度不同，因而匯集起來的白光，就有著和他人不同的白。畢竟，白也有著多種的白，這現象涉及技術上具有分解功能的詮釋，透過詮釋理解潛在的矛盾和動機，或是其它的，例如溫尼科特的「擁抱」（holding）的功能，在嬰孩實質的身體擁抱，有著讓小孩自覺自己是一體感受的形成。至於在心理學層次的擁抱，則是另一個課題，如何透過語言和說話，來達成想像的擁抱效能呢？

就技術而言，佛洛伊德曾以分析如同把化學分子的鍵結切斷後，分子會自行再找其它的分子相結合，因此宣稱精神分析，就只管分析，不必管統合或整合。他所說的統合或整合，是否全然等同於溫尼科特的說法，仍待詳細研究。不過，當以七彩光譜來分析白光裡的母親，是有著多層次多色彩的母親，這是一種把白光切割成七彩光譜的方式，至於整合是類似七彩光譜匯集成一道白光。

就臨床實情來說，由於個案常是把焦點放在光譜的兩極端，忽略了兩端點之間，還有其它的色彩。就實作來說，如果要從極端的問題裡，找出一個適合的答案是很困難，而且常是不切實際的工作方式。我們

需要的是，如何在兩極的張力下，找出或建構出兩者之間的領域，或者是如同在紅紫兩色之間，再找出更多中間的色彩來豐富人生。

那麼這項工作是透過什麼技巧而發生呢？詮譯或其它的技藝？不論是躺椅或面對面的型式，在診療室的時段裡所產生的事件，不可能只有說話或詮釋而已，還有眾多元素隱身其中，等待臨床家去探索和想像。尤其當我們主張眼前的個案是從出生至今，有著眾多的因素的相互扶持或制衡，才有可能活到目前，這些早年的因子是如何存在、如何發揮作用，仍是猶待探索的課題。

「一旦白日夢被記住，甚至以某種方式將其傳達給第三者，這種解離就會有一點點被打破；但是有些人從來沒有清楚地記得自己的夢，而孩子們非常依賴成年人來了解自己的夢。小孩做焦慮的夢和恐怖的夢是正常的。在這些時候，孩子們需要有人幫忙記住他們夢到了什麼。每當一個夢同時被夢到和被記住時，這都是寶貴的經驗，正是因為這再現了解離的崩解。無論這種解離在兒童或成人身上會多麼複雜，事實仍然是它會從睡眠和清醒狀態的自然交替中開始，從出生就開始存在。」（吳立妍 譯，Primitive Emotional Development, 1945）

在這些經驗上，累積出一個人覺得自己是自己，客體是客體。但是客體和自己之間，是如何被交織？

這不僅涉及我們如何看自己，也涉及如何看和自己相關的客體，雖然在強調個體主義的「做自己」時，容易被解讀成，是要不依賴他人，要對治療師不再有移情，才是真正的獨立。然而這種「獨立」，在人世間的實情只是一種理想。人總是需要相互依賴，相互依賴如果被解讀成只要有依賴就不是做自己，這會讓人和人之間或治療師和個案之間，關係的想像有所不同。我們是要站在理想的位置或是人性的現實基礎上，來想像依賴和獨立的關係呢？

個案描述對母親的多元心情，如果我們只當作是個案的阻抗，當個案有著恨意卻也同時有著愛時，為了克服迷惘與茫然，我們可能傾向把愛恨解讀為矛盾或阻抗，這樣好像讓感受明朗化了？或者我們可以如前述光譜般的模式，來看待和想像個案心中的母親樣貌，如此在診療室裡的態度和處理方式，可能會有所不同。

對於矛盾和阻抗，我們一般是尋找適當時機進行詮釋，這是語言和說話的工作，是話語內容的直接交流。假設個案心中的母親具有多元樣貌，重點不是指出矛盾，而是讓個案如何接受這些多元如七彩光譜的媽媽，這些都是他心中的母親，是從小在不同生活經驗裡建構起來的遺跡。遺跡的解讀，仍受著後來經驗的影響，而可能會有新的轉譯方式。

從臨床來看，以多元如七彩光譜般看待重要客

體，並且將這些經驗不自覺地延伸至其他新認識的人，對於我們而言，可說是常識，不過一般人就算有著粗略或熟讀精神分析的理念，想要看出這些多元光譜如何影響著自己和他人，仍需要有第三者或第三空間如精神分析師或精神分析取向治療師的存在。

僅以溫尼科特的想法作為本文的結尾，也是繼續探索的開始，「在自我創造的幻想世界中，去檢視個體與客體之間的關係是有趣的事。事實上，這個自我創造的世界中，存在著各種發展和成熟的程度，根據經歷過的錯覺的數量，以及根據自我創造的世界裡，有多少無法或可以去使用，被感知到的外在世界作為材料。這顯然需要在另一個設置下進行綿長的論述。」（吳立妍 譯，Primitive Emotional Development, 1945）

本文主要的焦點在於，以個案對母親的態度來素描為了活著和活下來，而不斷地接收來自外在現實的資訊，尤其是對於日夜照顧他的人，他是如何累積出對自己和對方是什麼的想像？在精神分析取向的技術上，是由這些想像來探索、詮釋和整合，是矛盾的或是相輔相成？不過，本文仍無法詳細回答如何相輔相成，只是提出七彩光譜和白光的關係，指出臨床現象裡，情感矛盾所隱含的，可能不是矛盾而是共時存在，且必然會繼續存在的失望創傷裡，人如何開展出的矛盾和整合。

以下邀請陳建佑醫師、陳瑞慶心理師和陳瑞君心理師回應《七彩虹光想念媽媽，想用一道白光看見真實母親》。

【陳建佑】

什麼樣的眼睛，看見什麼樣的光，如同部分客體說明的是自體只有一部分成型，仍有一部分的感覺在客體身上、一部分的光還未能進入瞳孔。以白天的光線看著母親時，是否就是白色的？或許個案看見不同色彩的母親，其實像透過防衛機轉如濾鏡般，為了避免直視太陽的刺眼；但有沒有可能個案還不曉得濾鏡是什麼顏色，也從來沒有人告訴他正戴著濾鏡，以至於別人談的白色，就讓他也以為眼前所見就是白色？但什麼是個案得冒著把瞳孔曬傷的風險仍要從光裡看見的？就好像心裡有個猶如萬年凍土的模糊地帶，需要陽光穿透才得以清楚。「會不會我再多愛她一些，母親就會把她身後的解答給我了？」或者他在曬傷裡找的，只是如凍傷一樣疼痛的感覺，難以觸及那個未能被看見的問題，或者僅僅是避免的崩解感覺？沒有光的眼睛，看見的太陽如世界末日，說明的是使用太多濾鏡、猶如原始防衛機轉的個案，使得心理現實注視著的是黑洞般的母親；或許治療師得以擱置光的強度、顏色正確與否，那些在濾鏡之外的感覺，仍有軌跡、線條和形狀足以形成言語，由遠而近地來描繪

「我們在說的是同一顆星體啊」，使治療師像民謠中的月亮一樣，讓個案可以直視，然後發現那些在母親身上看見的，是自己的色彩。

【蔡榮裕】回應陳建佑

要看見母親的什麼，要用什麼方式看見，會一直是個值得臨床觀察的課題。如建佑在回應中提到的比喻，防衛是如同濾鏡的象徵，雖然防衛的比喻方式有很多，這也牽涉我們是如何看心理防衛這件事。雖然當我們說到防衛時，自然得再想像何以要防衛，要防衛什麼，以什麼方式來防衛。這些都是精神分析理論裡常見的文字，不過回到「使用什麼比喻」來看它，就會帶來後續不同想像和描繪。這些都牽涉到我們如何看個案，以及會使用什麼技術來處理眼前正發生的故事。的確有些光譜集結起來，是變成不同程度的白光，也可能變成黑暗，黑暗也是多重光譜的結果。這些比喻讓我們得以再想像和探索這些臨床感受，這也正是我們得以宣稱精神分析取向的基礎之一。儘管這容易被當作是主觀，不過，這是事實，反而讓我們保持著謹慎，讓「看見什麼」這件事，不是如一般期待的那般，以為就是那樣子。雖然這像是常識，但愈像常識的內容，就可能愈被當作理所當然，而未能再仔細的重新看待和想像。使用「使治療師像民謠中的月亮一樣，讓個案可以直視，然後發現那些在母親身上

97

看見的，是自己的色彩。」這是有趣的比喻，佛洛伊德曾使用不少比喻來形容分析師的狀態，例如，以鏡子或外科醫師等，不過，是值得我們繼續再發現更多的比喻。

【陳建佑】

　　以另一個抽象的比喻來描述個案的防衛機轉或者心境這些抽象的事物，除了提供彼此理解的可能和溝通的管道，我們或許還能透過各自的意識在主觀想法、以及生命歷程累積的智識上的延展，貼近這些抽象概念於前意識的邊界，召喚情緒的記憶，成為另一種語言。我想像猶如重回母親為嬰兒提供鏡映標記的片刻，母親用她的常識作為素材，在嘗試創造屬於嬰兒語言的過程中，仿佛嬰兒或其語言作為嶄新客體，進入了母親的世界，讓她能更往嬰兒的方向延展自己的常識，而更能為嬰兒所用。比喻的形成本身則像是過渡客體般，既屬於自體又非自體、既有語言也非全然語言地，讓前意識的材料能在這樣的介面充滿遊玩性質地被創造；或許詮釋也具備類似的特質，照見可怕記憶的陰影於當下的再現，像重獲生命般發現新的情緒或思考的可能。若是這樣，這種母性的能力能否代替真實的母親被分割攝入嬰兒的心裡，作為情緒顯示強度的控制？比喻或詮釋與個案內在狀態的重疊之處，為雙方的在場提供了踏實的證據，彷彿溫尼考特

描述的「每當一個夢同時被夢到和被記住時，這都是寶貴的經驗，正是因為這再現了解離的崩解」，那些可怕的情緒得以藉由這種再建構，轉化成支持自體不再崩解的語言，來看見七彩層疊的母親。

【蔡榮裕】再回應陳建佑

如果精神分析的設定是要探索潛意識世界，而且是推向生命更早年的經驗，我們只能說那些經驗是存在的，只是它以什麼方式存在？佛洛伊德在《記憶、重複與修通》說，真正的記憶不在說出來的故事，而是在行動裡。但是什麼行動呢？某些重複的行動裡，只是被明顯察覺的重複行動嗎？那些行動只是當年留下殘跡的一部分而已，或者可能只是重點事件的邊緣材料？就在這些不確定裡，有一些殘跡存在，因此需要解讀或轉譯來推論。你提及的這些現象，我會覺得是在解讀或轉譯的過程，如果不是一一相對，如字典般的轉譯，是會涉及我們的感受和想像，這可以說是過於主觀，但也可以是重要的心理資產，讓我們跟遙遠以前的自己可以有些連結感，也可以跟眼前的人交流，讓合作可以發生。因此我是著重我們如何透過了解，自己是以什麼比喻或象徵，來說明那些潛在的或眼前的事件，並試著由這些比喻象徵來推論人和人之間的交流或溝通，是什麼在流動，並讓人和人相互了解是可行的心理基礎，畢竟每個人都是從那些基

礎，走出每一天每一步的日常生活。

【陳瑞慶】

　　個案到底是怎麼想（念）媽媽呢？蔡醫師使用七彩光的概念想像個案與母親的關係，這讓我想到「修理」兩字，這是一些青少年個案和我談到他們與母親的關係時常使用的，他們告訴我：「我要好好修理我媽媽」。晤談中他們常抱怨著自己的母親很愚笨，什麼都聽不懂，想要「修理」她，這可能是情緒上洩憤之詞，但多數的時候，他們認真地告訴我好想要媽媽可以回來，想「修好」她，總覺得母親應該不是這個樣子，為何她要故意這樣做呢？他們充滿困惑、難過甚至憤怒，同時想要母親可以改變。但若治療者認同這樣的感受時，他們反而會回應你：「或許是我自己的問題，不是母親的錯」。

　　在治療中，當治療者點出這個矛盾時，個案雖認同但效用也有限，或許他們想著的是：「到底是要堅持只有一種光？還是接受自己其實有七種或者多種色彩在看著母親？」在這個困難的處境之外，還有更困難的是，母親除了面對帶有個案眾多慾望與期盼的七彩光之外，當她看著自己的小孩時，她是想到自己母親的身份，還是想到曾經也是小孩的她呢？她也有自己獨有的七種光嗎？我試想我們治療師是否也有七種光，這些排列組合下來，讓我感覺複雜，但認清複雜

的多面向或許也是邁向整合的起始步。

【蔡榮裕】回應陳瑞慶

從「想」到「想念」之間，以及從「修理」到「修好」之間，其實是條長路，或者以白光裡的彩虹來想像，意味著它們之間是多重的心情和想像。雖然在現象上常是以我們說的「矛盾」的說詞來呈現，但是所謂「矛盾」是指「兩種現象」之間的矛盾，卻漠視了兩個端點矛盾的「之間」，還有眾多不同的聲音。在個案只著重兩端點的矛盾時，是把白光的探照燈只聚焦在兩個端點，讓兩端點的「之間」是不存在的。

就臨床實作來說，如果這個「之間」被漠視，它們就像是被拋棄的小孩，仍會如同多彩的光般存在，只是等待時機出場。你提到的例子，從「修理」到「修好」之間，多種可能性的探索，就是個很有趣的臨床現象。甚至這「之間」裡，還有更多的語詞，等待個案和我們一起來發現。這樣看待我們的臨床實作時，就會讓臨床更細緻、更活潑，不然那些待在中間，卻在矛盾的概念下而被忽略的聲音，可能會變成某種破壞力。

這個「之間」地帶，也許可以使用溫尼科特的「過渡空間」來想像，或者它其實是「彩虹空間」，也有著想像和創意的區域，但是它是永遠的存在，需要有著某些情境，我們就會看見它的存在。就後設心

理學來說，從「矛盾」的角度看臨床現象，除了矛盾之外，其實另有其它的，如匱乏、缺陷，或者矛盾之間，這些都值得再被仔細觀察和探索。也許可以說，臨床的矛盾難以解決時，就意味著矛盾「之間」被忽略了。

【陳瑞慶】

從蔡醫師的回應，讓我繼續想著「矛」、「盾」、「之間」相關之連結。蔡醫師提醒我們，不要只著重在「矛盾」這兩者的說詞，在這其中有許多未發聲、尚未出場的光彩等著我們發現，這似乎像是一種發現的過程，也讓我想到winnicott這段話。

「我將不做歷史回顧，去表明我的概念如何從別人的理論裡發展出來，因為我的心智不是這樣運作的。實情是，我收集這個、那個，從這裡、那裡，集中注意臨床經驗，形成我自己的理論。最後才讓自己提起興趣去看我都從什麼地方，偷了些什麼。或許這和任何方法一樣好。」（周仁宇 譯）

想到這段話，是因為雖可以理解蔡醫師所說，但我的理解卻是從許多迷失於個案陳述的內在經驗而來。想起剛開始臨床工作的前幾年，當個案聚焦於矛盾的兩難時，我往往也是跟著注視著這兩難，迷失困惑於這樣的處境中，無法脫困。直到治療的經驗夠多，我與個案才能夠稍微看到蔡醫師所指出的矛盾

「之間」。對我來說，矛盾的情境似乎像是指引燈，就如同「修理」、「修好」，因為有了這兩個端點才能開始注意到「之間」的存在。個案身處於無法走出的困境中，對於要順服於自身慾望，還是要滿足客體期望之間猶豫不定，但來到治療者的面前述說這個兩難時，我假設是因為個案仍保持一絲絲的「希望」，渴望整合解離的部份，如同他心中的七彩光束想念媽媽一般。

【蔡榮裕】再回應陳瑞慶

是的，我的文章就是要表達，你的再回應裡提到的「之間」。但那是什麼呢？很難有特定的答案，但這「之間」會以什麼跟什麼的「矛盾」，作為外顯現象，讓我們跟著個案的眼光，就只聚焦在這些浮現出來的兩端的矛盾上？如果我們把這句話過早告訴個案也是於事無補，因為這個「之間」是深潛的領域。

但是若缺乏某些兩者之間的「矛盾」作為外顯物，我們就更難探索這個「之間」，一如沒有「顯夢」的內容，就無法藉由聯想和分析，變成通往潛意識的皇家大道，進而探索「隱夢」可能是什麼。不過，如佛洛伊德在《夢的解析》裡所說的，他對夢的探索最終目的，並不是從顯夢來知道隱夢是什麼，而是在於假設任何顯夢都有著隱夢，那麼我們要問的是，並非隱夢是什麼，而是何以隱夢無法直接呈現，

需要自我（ego）的運作，而產生了「夢工作」（dream-work），利用濃縮和取代，也就是透過夢工作，來讓隱夢以代理者顯夢的方式來呈現？

這是我談論「矛盾」要探索的，如果說是要了解「之間」是什麼時，還有更重要的是，何以這些「之間」的七彩無法直接一一呈現，而是以聚合後的白光出現？如同說「媽媽」一詞，就好像是被聚集的白光，但是這之間的七彩是可以預期的，如同媽媽是多重角色。就像我們說，嬰孩時期的失落創傷經驗，它有著相當廣泛的影響，仍還有其它的想像值得被慢慢地曝光，並不是目前大家以「創傷」一詞就可以說清楚那是什麼，畢竟，在「有」和「無」創傷之間，就是七彩般的可能。

【陳瑞君】

臨床實務上，看似以矛盾來呈現主訴的個案為數不少，經過一段時間的治療，或許治療者便能發現到，困難的不是原以為的矛盾。如果能夠稍微穿透這個矛盾的本質，或許發現的是底下潛藏著二元的分裂，當二元分裂進入了套套邏輯當中，看起來便像是以矛盾作為問題的呈現。

以這種矛盾來到這兒的個案不會理解這麼多，他們早已困惑滿盈，看不到自己在瘋狂的愛與盲目的恨當中交互蹲跳，他們並不知道自己是深陷於二元的間

題當中，卻想要用二元的方式尋求解答的荒謬，例如，他們總是希望自己能從現在的這種「不好」走向未來的那種「好」；從「有問題」的人生走向「沒問題」的人生。這種期望很普遍，卻很少人願意深思期望的多種假設。

另一種矛盾的內涵則不同，時間及其他多種因素的加入，思考可以從簡要變繁複、二元可以變多元、黑白可以變彩色，或是如同蝌蚪變青蛙的完全變態過程，有段時間蝌蚪是後腳、前腳與長尾巴共存，前後腳成形後尾巴再慢慢萎縮消失，最後長成了小青蛙。從沒有人指著這個後腳、前腳與長尾巴共存時期的蝌蚪-蛙問：「你怎麼可以這麼矛盾？說，你究竟是蝌蚪還是青蛙？」

當個案看似落入矛盾的深溝中，治療師究竟該把個案的三心二意，視為一種「好的不完全」的防衛？抑或視矛盾為一種「還沒有完全好」的成就？

道理及運作或許都是相應而生，未整合的自體就只能看得到部份客體。七彩母親或說是具有七情六慾的母親，反映的是孩子已有愈趨繁複及完整的能力，某種能容納人性矛盾的能力......或許從來就是孩子完整了母親的七彩，而不是母親真的變七彩了。

也許治療師需要打著燈籠，才能搖曳出七彩光影，但有時治療師自帶頭燈的詮釋所帶來的光害，已使七彩無可識別了？

【蔡榮裕】回應陳瑞君

你提到蝌蚪的比喻，是個很有趣且有用的想法。我們如何稱呼這種變化呢？是轉型或蛻變？讓我想到另一個常被使用的，蛹變成蝴蝶的比喻。看來這種現象在動物界是某種成長的過程，而蝌蚪的比喻，是顯示著有著可見的變化過程，也許更貼近我們臨床實作，個案的改變是怎麼回事的想像。畢竟，我們是需要其它比喻來幫助我們。

那麼我們探索的潛意識世界，是個不變的領域嗎？理論上有著「固著」（fixation）的概念，或在臨床上展現「強迫式重複」（repetition compulsion）或「負面治療反應」（negative therapeutic reaction），這些術語要傳遞的是，有某種不變的成份。這是符合一般的經驗，不過這種不變有著什麼樣的特性呢？是如同一株花從花苞到花，或如同蝌蚪在發展過程，是有它的不變，卻又明顯會變成未來的青蛙？那麼我們對於潛意識所固著的部分，會是什麼想像呢？

至於如你所說的，矛盾裡潛藏的二分現象，而二分現象是原始防衛「分裂機制」（splitting）運作的結果，因此引發的疑問是，分裂機制要防衛的是矛盾嗎？或它另有要防衛的？這涉及一般說的矛盾是指什麼，愛恨、善惡或好壞？但是這些都是結果，假設有分裂機制參與運作，那麼我們就需要推論，分裂機制是另有防衛的對象和目的，只是這種防衛呈現出矛盾

106

作為結果？在這些疑問下，的確需要觀察「但有時治療師自帶頭燈的詮釋所帶來的光害，已使七彩無可識別了？」

【陳瑞君】

「固著」、「強迫式重複」及「負面治療反應」的「不變」本身，似乎可以看成是某種結果，也在溝通著什麼樣的困難或處境，這種「不變」是種作用相抗衡下的恆定，讓人感覺被鎖住，或者重覆的功能本身就帶來一種滿足？如果人的發展被視為一種前進，即使是迂迴或匍匐都是一種前進的話，那麼，固著則像是前進的路徑卻是走回到一個沒有出路的封閉迴圈，或許也是一種「以不變應萬變」的消耗戰。這會像是前例比喻的，或許在四肢與長尾共存的蝌蚪-蛙時期，意義上已非「過渡」，而是變成了這個「國度」的合法公民；那麼這隻長尾與四肢共存的蝌蚪-蛙，便無法變成蛙，也不會再是蝌蚪；是既已不是小孩，也當不成大人的尷尬處境。

而「固著」、「強迫式重複」與「負面治療反應」，似乎也都跟「矛盾」、「分裂」與「防衛」有關連性，但是「矛盾」、「分裂」至少還是有程度之別，「矛盾」是在兩端點之間的空間遊走，而「分裂」，有時候就是停駐一個端點上，甚至意識上也不知道還有其他的端點空間可以遊走，矛盾一下。診療

室裡不少個案在道理或邏輯上，總是強行地只站在一邊，讓治療師感覺到被隔離在外的無助，對於這些彈性流動、因應變動有困難的狀況，常看到個案是堅持地不屈不撓，且振振有詞的說法及態度，好似這樣在道理上及情感上只要選得一方佔地為王，就足以否定他方的存在。而他方是什麼呢？

詩人韓波曾這麼說道：「在富於詩意的夢幻想像中，周遭的生活是多麼平庸而死寂，真正的生活總是在他方。」米蘭昆德拉在舉世聞名的著作《生活在他方》中，亦描述著主角一生的掙扎，反映的是人內在對想望、價值觀及希望感的熱情。現實本身或許就不是美好的代言人，總是和日常生活中單調、不完美及缺陷衝撞著，而治療師對個案而言，會是那個不美好的現實代言人嗎？我們會是那個他一直想要劃分出去的一半，令他矛盾的那一半嗎？

【蔡榮裕】再回應陳瑞君

是啊，如果我們相信「不變就真的是不變」，那麼何以人需要不變呢？或者真的是不變嗎？是否只是需要有個不變的現象，作為外顯的形態？或者當我們和他人的互動交流過程，如果對方只專注自己不變的地方，而我們也只流連在那些不變的所在，那麼這場交流會成為什麼樣貌呢？

這是有趣的課題，通常最簡單的假設是，如果我

們重複看著那些不變，而且有更多的了解，尤其當那些不變被當作是人生問題的起源，那麼透過更多的了解，那些不變就會因此而改變。這是一般的如意算盤，但實情卻可能不必然是如此，雖然也有可能有所改變。

但是我們作為專業職人，除了高興可能的改變外，通常也得再觀察和思索，何以仍有不變依然不變呢？這是真的不變嗎？或者只是需要時間慢慢轉型，或者就真的只能接受這種不變作為基調？但是接受是容易的嗎？如同你文中提到的，你對昆德拉作品的想像，我們會是那個不美好的現實代言人嗎？

這是有趣的話題，我也暫時沒有答案，只是想到如前述的，我們作為專業職人，如果只在意那些不變卻是問題所在的地方，那麼我們就真的變成了那不美好部分的代言人。雖然我們是滿心善意地想著，如果那些因不變所帶來的問題能夠改變，那是多麼棒的事啊！當我們只這麼想時，好像我們就真的是那不美好部分的代言人，因為我們只是要把那些不美好的部分賣掉，問題是，誰會來買呢？

悲傷的阿莎布魯
為了撿起一顆石頭
需要跌倒兩次
一次握緊它
一次為了癱坐在地上
想著
是誰出手
對著天空的要害
要三分情
留有起身的餘地

靠山

一通電話裡，
empathy的心智地圖能吞下多少茫然？

　　一般常以穿進別人鞋子時的感受，來形容「同理心」。不過，從臨床經驗來說，這不太像是實情，我甚至不知道，自己是否有這般期待......empathy的心理地圖是指，對方穿著鞋子的腳，踩在自己頭上了，因此我們還要有特殊能耐，把自己的腳試著伸到自己的頭頂，設法穿進對方的鞋子，因為對方仍不放棄要踩踏在我的頭上。

　　當我們宣稱要體會迷惘並和迷惘對話時，那是在做什麼呢？需要empathy這項古老的人性工作嗎？

一、

　　其實，你那通電話，讓我想了很多事情。你有很多話想說，我覺得那是無法說清楚的曖昧。

　　那天是星期三，你堅持我一定要安排時間和你見面。我是自然地依著專業職人的直覺，豎起耳朵，帶

著警覺的態度和語調，想要儘快地減少電話的通話時間，在最有效率的情況下，結束電話。但又期待，可以讓你有所了解電話的侷限，以及最終目的仍是你得再回來當面談，處理你的困局和迷惘。

我突然納悶，這些常規般的想法和作法，到底是什麼意思？目的是為了什麼？謎題總是跑在答案的前面，並不是我完全沒想過這些事，只是在這時候，這疑惑突然又冒出頭來，好像要告訴我一些我還不知道或者知道但還不是真的很清楚的事情。

你說，今天早上起床後，就到附近的麵包店，買了一大袋的麵包和吐司。你說得有些誇張，甚至充滿了生氣的口吻，更像是我害你的，是我讓你再吃那麼多麵包。但我無法知道詳情，你說至少五公斤呢！我是不會跟你爭辯，到底你說的五公斤是怎麼計量出來的？你說，在不到十五分鐘裡，全部把它們都塞到肚子裡了。

你描述的過程是帶著黑色幽默，那是一件偉大但不能說出口的冒險。我是不相信我這個直覺可以有什麼用途，或者要直接就說出來告訴你？這影響著我，使我稍微偏離了同事們認定的工作守則：盡量不要把電話裡的談話，變成像是在診療室裡的對談。

目前電話或網路的心理治療所遭遇的質疑，沒有以前那般強烈了，不過對我來說，我還是傾向採取你要親身來到診療室會談。

我就試著把問題都留在診療室裡，而不是外溢至診療室外的時空。這好像是一種污染吧？雖然這麼形容也會有不少爭議。我是指什麼被污染了，這種污染的感覺是怎麼來的，它是臨床的事實嗎？或者只是我們這行的專業職人的腦袋裡，為了讓路可以走下去而壓出來的一條馬路，而馬路旁是雜草叢生，只要踩上去，就會被雜草裡的污泥給污染了？

　　你說，覺得好痛苦，好想死喔！我是已經聽過這種說詞不少次了。以前你仍走下去，我也依這個經驗，對自己的瞬間震撼，給予一個答案：你仍會像以前那樣，再進來診療室，摸索你心中的混亂。畢竟，你常說，知道自己不能死，不然會太便宜某些人了。就算用最輕佻的口氣來說這句話，也是令人驚悚的吧！

　　不過，我並沒有想要矯正什麼想法或感受，這都是太早的意圖了。雖然我相信，在未來，我需要更多的說明來澄清這句話，所謂太早說出某些明顯可見的現象和心理，是什麼意思呢？

　　我知道你說的，某些人是指很多人，也可以說就只是指你的媽媽。在這個用語裡，某些人是可以等同你媽媽，這是一種我還不知道如何計算的數量課題。我是否要跟你斤斤計較？如果斤兩算清楚了，就可以當下決定你目前的問題嚴重或不嚴重，或是有多嚴重嗎？或者還不能直接指向你媽媽，而是透過使用某些

人來代表？到底你媽媽或某些人，哪一個語詞是比較準確，或者是比較清楚呢？也許有人會覺得，我是多此一問，自然是你媽媽比某些人還要更精準，但是在潛在世界裡，果真也是依循這種理解嗎？

我也不必避諱，我的表達方式是受溫尼科特的說法影響，「我的標題一目了然：我選了一個非常廣的主題。我只能做初步的個人聲明，彷彿是在為一本書寫引言。我將不做歷史回顧，去表明我的概念如何從別人的理論裡發展出來，因為我的心智不是這樣運作的。實情是，我收集這個、那個，從這裡、那裡，集中注意臨床經驗，形成我自己的理論。最後才讓自己提起興趣去看我都從什麼地方，偷了些什麼。或許這和任何方法一樣好。」[2]（周仁宇 譯）

你說的話不只這些，雖然其它的話語不必然就缺乏有趣的意義。現實上是只有某些話語，它們能捕捉到我的注意力，才有機會讓我在這裡描寫它，進而聯想。雖然我也相信，有些一時未能被我注意到的事，並不必然我就完全忽略它們，只是常在後來某些情況下才會發現，它們可能被遺漏了。不過，這時候，還是先回到你的電話，這個短暫時刻裡，在我的腦海和感受上所發生的一些事。

當你說覺得想死，因為你一時又吞下了很多麵包時，我的腦海裡浮現著，是怎麼回事呢？你這時要打

---

2 取自 Winnicott, D.W (1945) Primitive Emotional Development.

電話給我，我要怎麼回應呢？你說也許一般人會覺得，就只要了解為什麼你要這麼做、這麼想，那就好了。但我的專業讓我再多想一個難題，你為什麼這時候要打電話給我？畢竟你會吞下很多麵包，以及這麼做後會想死掉算了，並不是最近的事，而是你從青少年就開始的現象了。偏偏我和同事們可能不是去探究你何時開始，而是更傾向想像和猜測你這時候談這個問題時，想要傳遞的訊息是什麼？不過，這個是針對診療室裡的實作經驗，如果要挪到此刻，你是在電話的另一端，而診療室裡的經驗，是否也適用在這個電話裡的片刻？

二、

　　好吧，我還沒談完你來電話這件事。時間是分分秒秒的經過，這時候跟在診療室裡有不同的時間感，雖然只是過了幾分鐘，但和診療室裡是不同的情況。也許這種時間感，除了反映個案的問題外，同時也映照著，這種乍看是有違診療室裡親身在場的經驗，影響著我的「超我」。

　　其實，你那通電話，讓我想了很多事情。你有很多話想說，我覺得那是無法說清楚的曖昧，連生命的謎題本身都因迷惘而迷路了，它們不知道如何替自己的生命之謎，發出什麼樣的疑問？

　　同儕們大都認為要謹慎嚴格地使用技藝，換一

種說法是，如果在電話和你多談一分鐘，就表示我違反了同事們的規律，多出來的每一分鐘都是有問題的。那麼，這種感覺就會如同命定般跟隨著我，需要自我提醒。然而，重點在於，還是要體會和想像這個時候的需要是什麼，並不是硬生生地搬來規律，視同戒律般一成不變。我當然不希望變成只是「能做」和「不能做」的二分法。

現實上，如果我只說，「不論你的情況如何，你可以把此刻想告訴我的話，留到下次診療室裡再說」，如果可以這樣子，會覺得自己很幸福吧？使用規律達成了目標，不是把電話當成診療室。但是事情這麼簡單嗎？我是要在什麼情況下，依循多少程度和濃度，從診療室裡萃取出知識呢？或者下次有機會和同事們談及我的處理方式，我要如何避免同事們的異樣眼光呢？雖然我也會想，只不過是一通來自個案的電話，需要想這麼多嗎？

「我可以聽見你那裡的雨聲，」你哭著說，你想要回老家看看，沒想到小學的操場不見了，你變成了一隻老鷹，為了尋找一個已經記不起是什麼的東西。我是好奇的，從原本要依循我的行業習慣，不在電話裡多談，以免變成是電話中的治療，這是我的前輩們依著佛洛伊德的謹慎習慣所架構出來的想法：「要節制」，主導著臨床實作過程的典範，我的同事們大都這麼依循著。也許你可以感受到我的矛盾吧？雖然是

在電話線的兩端──我最好是這樣假設，才不會以為你是毫無所覺的人，畢竟你的受創人生，勢必讓你對於別人的反應，是相當敏感的，雖然問題不在敏感本身，而是在於你後續的意識和意識之外的解讀，牽引著你心思的走向。

我相信，每個人決定如何做，還是會依對方以及眼前有重大且需要處理的潛在溝通有關，也許可以固執，甚至到偏執般，認為一定不可以和對方在電話裡多談，以免對方會變成常以電話來反應重大事件，而不是在診療室裡談論主要問題。表面上這好像很合理的思維，只是實作過程有如此簡化嗎？這是受限於行為主義的假設，或是實作過程的真實情況呢？

「我當時學的生理學是冰冷的，意思是，可以藉由仔細檢查去髓的青蛙和心肺標本來核對。盡全力去除情感之類的變項，而動物與人在我看來似乎都被當成，就本能生命而言，永遠中性的狀態。我們可以看看把狗帶入無盡挫折的文明歷程。想像一下，當我們讓狗在可排尿的訊息出現前，不把尿排入膀胱時，加諸在牠身上的負擔。我們在研究人類身體的運作時，應該要能讓情感和情感衝突把心理學變得更複雜，這是多麼重要的事啊。」[3] （周仁宇 譯）

好吧，關於你這通電話，如果先不管這些通則和理論，我的反應是傾向不要急著就掛上電話，這也不能說我是喜歡這通電話，或我不會期待你儘快講完，自己掛上電話，而不是由我來催促你，不要在電話裡多談話。何以是這種局面呢？何以不是一種覺得可以隨興，不必是如此有壓力的電話呢？是我的問題，你的問題，或是我同事們的規律需要再被思索呢？

我無意一下子就推翻我同事們在實作過程裡，所累積的經驗和意見，只是你這通電話讓我有種感覺，在這個時候，你是需要我在電話裡聽你多說一些，不然，若此刻你覺得被拒絕而引發內心裡困頓的處境，接下來會變得很難修復。

如果有人問我，我真的這麼確定嗎？我必須坦誠說，不必然如此確定，但是你看，我為了這通電話，左思右想了這麼多話呢！因為我刻意要將只有幾分鐘的電話過程，如顯微鏡般的注視，想像引進更多的話語。我需要好好思索，何以這幾分鐘，讓我如此有違和感？我不想要把這種情況，變成是極端化的「能」或「不能」這麼做的二分法。這樣二分法的問法，會使我這幾分鐘的不安壓力和疑惑，變成是毫無價值的過程。

你說了好幾次，你覺得很可怕，不知為什麼竟然在不到十分鐘裡，把幾公斤的麵包都塞進肚子裡。你也提到，事後充滿了罪惡感！這種「罪惡感」，倒是

常出現在其他人做了類似的事後的自責。你此刻這麼說，我倒是又想到其它的：你是不是要叫我閉嘴，不要多說話呢？好像你的自責是不必要的，而我想說什麼也是不必要的。那是指你說的這件事情，不要我多說什麼，我卻同時感受到，在情感上，你是要我更靠近你，給你更多的時間。

佛洛伊德的想法裡，早就想要區分那些能夠被潛抑的想法，至於那些無法說清楚的情感卻是無法被掩藏的。那麼，你的罪惡感是情感的一種，卻只是讓我聽起來更麻木，而難以激起其它有趣的想像。

談到這裡，我覺得這些說法，還需要有進一步的說明。目前明顯可見的，到底我在複雜心情和想法下延長了幾分鐘電話時間，聽你的述說；這個作法是我自己覺得有不好意思或罪惡感，而做出的同理感應嗎？我必須說，這句話裡仍有很多細節和想像需要再擴充，除了什麼是同理心之外，在我的罪惡感下，想做的同理心的表達，會是我期待的同理你的心境？或者要同理什麼呢？

三、

有很多話想說，不過還是先往前走，我相信那些還沒有說的話，如果真的很重要且是必要的，在往後的情境裡勢必會讓我再想到，並覺得後來的再出現，也許更有意義。

容我以溫尼科特的說法，作為觀察的參考點，雖然你離自己是個小孩子的時期，已經是很久很久以前的事了，「（第一次會談）『我在桌上立起一個直角壓舌板，這孩子很快就感到興趣，看看它，看看我，用大大的眼睛和嘆氣長久地凝視我。如此持續了五分鐘，這孩子還是無法下定決心去拿壓舌板。過一會終於去拿的時候，她一開始也無法下定決心把它放入嘴裡，雖然她顯然想這麼做……』這個嬰兒坐在媽媽腿上，隔著桌子與我相對。媽媽兩手把孩子抱在胸前支撐她的身體。因此在孩子氣管痙攣時很容易看得出來。從媽媽的手可以看出胸部強烈運動，深吸氣加上拉長受阻的呼氣，也可以聽到她呼氣的噪音。媽媽和我都可以看出嬰兒氣喘發作。兩度當孩子遲疑要不要去拿壓舌板時，都有氣喘發作。她把手放在壓舌板上，然後，當她控制身體、手和環境時，她發展出氣喘，而這涉及某種對呼氣的不自主控制……『過一會，我和媽媽一直保持在原本的狀態裡，而她似乎逐漸因而得到安慰，她發現自己可以去拿它了。在她把它拿向自己時，我注意到正常的口水流量，接下來幾分鐘她都自信地在享受這個口腔經驗。』……當她終於對嘴邊的壓舌板感到自信時，當口水流動，當死寂轉為對活躍的享受，當觀望轉為自信的此刻，氣喘便停止了……」[4]（周仁宇 譯）

---

[4] 取自Winnicott, D.W. (1941) The Observation of Infants in a Set Situation.

其實，你那通電話，讓我想了很多事情。你有很多話想說，我覺得那是無法說清楚的曖昧。

隔天在原本預定的時間，你準時來到診療室，你看我的第一眼，好像在提醒我前一天講電話的事，眼神有歉意、有好奇、也有你是勝利者的意思？這些感覺混在一瞬間，我無法確定其中的可能性裡，質和量所構成的比重。我相信我是基於科學的好奇而有這些疑問，雖然實質上仍很難完全計算出，你此時的眼神裡有幾斤什麼，幾兩什麼？不過我的專業敏感或同事們，大概都會對這些問題，充滿了興趣的想像。

接下來你就不管我了，你走到平時坐的椅子旁，把手提包放在椅子上，坐下來後調整好舒服的坐姿，開始說你吞了很多麵包的事。起初我不是很確定你是在談昨天的那件事，或是以前至今的某件事？那都以吞下很多麵包，作為表面呈現出來的現象。對於這種現象，在我和同事之間溝通時，為了要盡快有個焦點，我們會有個固定的名稱或術語來說明。你提到硬吞下很多麵包的舉動，這些描述還不是日常用語裡的術語，是難以作為我和同事之間溝通和想像的基礎。

我在這系列文字裡，是想要嘗試以日常語言來探索你和我談話裡的深度心理學，免不了得新創語言，或者使用舊語言但賦予新的旁生意義，作為我宣稱「我了解你」、「我想要了解你」、「我和你處在類似的鞋子裡」所描述的複雜內容，若以術語來說，叫

做「同理」。我在你提到，硬吞下很多麵包時，就面臨了有些窘迫的處境。首先，我要表面地表達對你的同情嗎？畢竟你顯得很受苦，但是我的前輩們和同事早就有經驗，對於你呈現出來的受苦，不會是你受苦的全部，甚至目前浮現的受苦，還無法完全說清楚的流程，所積累擠壓出來的苦，形成苦樂的曖昧和迷惘，難分難解。

你說你吞了那麼多麵包後，就坐在椅子上，愣在那裡，你又說你突然失去了方向，不知道人生要何去何從？我疑惑的是，吞下很多麵包，跟你說的人生何去何從，有什麼關係嗎？如果沒關係，何以會出現你描繪的這個場景呢？這是迷也是謎，不過你所說的這個現象，也正是我和同事們傾向相信的：人的受苦現象背後，常常另有其它更受苦、更難以說明的苦。

我需要聲明，如果我在這個假設上，硬要以理論主張，你沒有說出的苦和你人生何去何從之間的聯結時，常常是引發反彈。目前你的不知道，使你深陷在沙發裡，站不起來也走不出去，偏偏我的工作是要嘗試，從你說的，硬吞下很多麵包和人生何去何從，或者其它內容，在它們中間有機會搭建起橋樑，讓你此刻充滿挫折的苦悶有出路。

所謂「出路」，也許是你納悶的，何去何從吧？我作為專業職人，深知你心中的出路，是很難從我這裡可以指出來的路。雖然這會一直是你的期待，正如

你癱坐在椅子裡，說著人生何去何從時，就挑戰著我的思索：對於你此刻的受苦，我需要馬上做什麼或說什麼嗎？

依我的經驗，無法以另一個很難精準表達的技術：「中立」或「節制」，就可以解決你的受苦，但過於相信「中立」或「節制」，是否反而帶來的是冷漠呢？如果是冷漠，就不是我的工作所需要的。此刻我這個疑問，好像我手頭上有本字典可以馬上翻閱，並給你最適切的回應？也許吧，我這時候想的，如果是你最適切的需求，這才是重點。

你用手肘撐起身體，稍微讓你的身體不再那麼癱軟；多了付支架撐起的，是那具被你的嘴巴強吞進很多麵包餵養的身體，它看來是虛弱的。我再回到前頭說過的兩種語言，一個已日常化，例如「同理」，另一個還沒有日常化，例如「表徵」或「再現」。如果我說你這時候是需要「同理心」，是來自我的「同理」，這是什麼意思呢？

我的疑問並非我完全不知道你需要同理，而我需要說出有同理功效的話和動作。值得再細思的是，這個已被日常化的語句，反而有著不切實際卻又被當作理所當然的期待，因為它被日常化了，變得更難了解，在我的專業領域裡帶來期待和理解上的落差。

你說，昨天打電話給我時，是希望我能夠安慰你，但你是失望的。我聽後愣了一會兒，想著昨天我

125

不曾察覺你的失望，我反而覺得，我做了比我的同事們強調的，「診療室外盡量減少電話的通話時間」還更多，我甚至以為是我昨天多花了一些時間聽你說，你今天才會再來，但是你此刻說的，對我的失望是什麼意思呢？

四、

　　我需要先承認自己的失敗嗎？不只是口頭跟你說，而是我心中要先對自己這麼承認！不過，首先衝擊我的是我感受到的落差；何以明明是我覺得自己多多少少違反了我和同事們大都同意的論點，儘量減少在診療室外的互動，以免這些動作變成診療室裡的干擾因子。如果要細說，到底我失敗了什麼？這是另一個難題了！如果只從你覺得在那通電話裡，對於我的反應和處理感到失望，就表示我是失敗的，這也未免是過於衝動式的結論了。

　　我要問，你的失望是什麼？你的失望果真是由於我的緣故嗎？如果我不先試著假設，有我的某些失敗在先，而這些失敗和你的失望有些關係，那麼我就很難從目前僅有的表徵或再現裡，做出一些想像和推論。當我說表徵和再現時，並沒有預期我的同事之外的人會真的知道，我想要表達的是什麼？那麼出現這些行內的話，如何轉化成可以讓你聽得懂的話呢？這是在面對你的迷惘時，我心中設定的謎題。

這是必要的嗎？或者要解決你的問題時，你根本不需要知道這些行話的意思，那只是我需要佈局的場景或舞台的技術指導，目的是讓你可以上場，上演尋找自己的戲碼，一如你是看戲者，你不一定要知道導演的行內術語。這個比喻是適切的嗎？我先保留。

其實，你那通電話，讓我想了很多事情。你有很多話想說，我覺得那是無法說清楚的曖昧。你說，你根本無法知道，我到底是怎麼看你？我問是指對於打電話的事嗎？你說不是，你是指對於你一下子吞下那麼多麵包，不知道我會有什麼想法？

我聯想到溫尼科特的說法，某種有趣卻帶有苦澀的滋味，「在第二次會談中，瑪格莉特伸手去拿壓舌板，但再度遲疑了，和第一次來訪時完全一樣，只能漸漸變得可以有自信地把壓舌板放到嘴裡享受。她比上次更熱切地吃，邊嚼邊發出聲響。她很快就故意丟下它，當壓舌板被拿回給她時，她興奮地玩它，顯然很滿意地邊踢腳邊看著媽媽和我。她丟下壓舌板，被拿回來後又放到嘴裡，手狂烈舞動，然後，開始對手邊其他物品（包括碗）產生興趣。最後她把碗丟下，似乎想下來時，我們把碗、壓舌板和她放在地板上，她非常滿足，充滿活力地向上看著我們，玩著她的腳趾和碗或壓舌板，但並不同時玩碗和壓舌板。最後她似乎要把它們放到一起，但她卻把壓舌板推離碗。當壓舌板被拿回給她時，她最後終於拿起它來，在碗

上敲，發出很大的聲響。」[5]（周仁宇 譯）

　　你是以疑問的方式浮現，不知我怎麼看你？雖然是針對麵包這件事，不過我的假設會比這複雜些，我還是先回到衝突背後，看看我原本所抱持的論點是什麼？首先是目前被譯為「表徵」或「再現」的術語，其實它們是很重要的概念，甚至可以說是精神分析對於潛意識的運作假設的重要基石，如果缺乏這組概念，我們所談的一些假設，都會是相互失聯，變成無法被串連起來的零散現象。

　　如果我們主張有不被自知的潛意識存在，但又假設某些潛在動機是最核心的動力起源，那麼我們如何說明，表面上複雜多元的現象之間，是有相互牽連的關係呢？這就在於我們依循著佛洛伊德對於後設心理學的古老建制，相對於被假設存在的潛在動機來說，它會有很多不同的樣貌，出現在問題和症狀裡。這些外顯的問題和症狀，被統稱為「表徵」或「再現」，我相信目前在我的專業同事們之間，對於這個語詞的想像和運用，仍有不少分歧。

　　你說，我可不要自作聰明，想要多了解你一下子吃那麼多和小時候有什麼關係？你是要把我的嘴巴堵住，或者你也想要我不能這麼想呢？在其他人也常見這種現象，我無意說是一般的反應，就表示你這時候這麼說，和別人在不同情況下所說的，都是有相同

---

5 取自Winnicott, D.W. (1941) The Observation of Infants in a Set Situation.

的潛在意義。

　　不過除了這時候的特殊狀況，所引發的突然想法之外，我仍得回到大多數人可能有的共同反應，作為基礎開始想像。這些所謂的「共同反應」，是我的同事們從日常實作裡所累積經驗的描述，例如對於你短時間內吞下很多麵包，可能是主動式吞下表面是營養物，但是量太多了反而變得像毒藥般威脅你，逼得你把吃下去的麵包再吐出來；吞下去有某種愉快，吐出來時也有某種愉快，而在兩種愉快之間，夾雜著另外的情緒和感受。有人宣稱那是「罪惡感」，我倒覺得這只是很約略的說法，離對於人性的了解，仍是很遙遠的路途吧？

　　你說，你不太相信我對於你的情況的說法。我還沒說出口，但你已經以不相信我的方式，要我自動閉上嘴，以免說出你不想聽的說法，好像那是我一下子吞下太多你說的訊息，再吐出來的有害物質。

　　其實我也不是那麼相信我所歸納出來的說法，或者純粹直覺式的回應本身，因為「表徵」或「再現」作為外來語的不同翻譯方式，它其實是很私密的經驗，對於我和同事使用這些術語，也是很私密的行內人的行話或者是黑話，可以說這是精神分析語詞的某種宿命。當我們強調個別性時，是有它的重要性，但是這麼強調時，就意味著，當字詞的概念硬被翻譯出來時，它的譯詞是會受到我們語境文化脈絡裡的聯

想所影響。

五、

　　你說，不知道我是否能了解你說的事情，你稍稍沈默後，改口說，也不是這樣子，而是你很難相信我可能會了解你的情感。我好奇問你，是指什麼情感？你說，你有說關於什麼情感嗎？你覺得我聽錯了，你不覺得自己有說到關於情感的事，你只是想要我了解你的困難，多年來一直說不清楚的困難。

　　當我想說，我了解你時，這是什麼意思呢？我很認真在想這句話的真正意思。或者，秋天來了，但是秋意來得更早幾天，empathy的旁邊會有落葉飄過嗎？或者那些宣稱有「同理心」的人，還在尋找自身的意義，因為有人說是「神入」，也有人路過街頭說是「同感」。是否「共感」，會更貼近這個字的原本立場？

　　如果不巧下了一陣小雨，有誰會願意走出戶外，對著大家說「不要急」？能夠作決定的人都開始保守起來了，只因為那些內心裡的爭戰實在太過於激烈，此時，沒有人願意出來對大家說，不要急，真的不要急，沒有人知道方向在哪裡，雖然幾年以來，多出更多不同想法，而每個想法都有它值得被看見的地方。

　　你說，我不允許你說那些很糟糕的事。我起初想要替自己辯護，我沒有不允許你說任何事情和想法或

情感，不過我提醒自己，要節制自己的衝動，畢竟你這麼感覺是種真實感受，不必然跟我如何說或做有關，或有可能在其它地方，我不自覺地流露了不同意你說的話題吧？雖然我也還不知道，你說的糟糕的事是指什麼，我的想法卻先被這種想要替自己辯解的衝動給蓋過去了，由於我的節制，讓我有機會想一下溫尼科特的說法。

「治療（好環境）的條件在於允許完整的經驗：
1. 母親直覺：自然允許許多不同的完整經驗。
2. 特定情境：刻意給予嬰兒完整經驗的權力。
3. 精神分析：
①讓病人決定步調。
②做僅次於讓病人決定自己何時要來何時要走的好事，並且固定每次治療的時間以及長度，並堅持他所訂下的時間。
③精神分析和照顧嬰兒不同，因為分析師永遠都在探求，在龐大材料中找尋出路，找尋該提供給病人什麼形狀的詮釋。
④分析師如果檢視自己的工作，看看和我所描述的簡單的特定情境有多少相同點會有些幫助。
⑤每一個詮釋都是一個刺激病人貪婪的閃亮物品。」[6]
（周仁宇 譯）

其實，你那通電話，讓我想了很多事情。你有很多話想說，我覺得那是無法說清楚的迷惘。你再說，

---

[6] 取自 Winnicott, D.W. (1941) The Observation of Infants in a Set Situation.

你聽到我跟你說「是否覺得不滿意目前的情況」的口氣很不舒服，會想要離開算了。你覺得我這種說法，是要把你趕走的意思。但是你偏偏不想因為這樣子就賭氣離開，你想要我看見你的堅持。我不是很了解這種堅持是指什麼？

從另一角度來說，就是你留下來，不賭氣離開，這是某種向我保證，你會持續來。如果是這樣，也未免太曲折婉轉了，不過我是相信這種可能性，至於何以是曲折婉轉，倒是值得再慢慢仔細觀察。

還是有一些很難的課題——到底這時候，我是說或做到什麼，或不說或不做什麼，才是有empathy所描述的功能呢？我還無法搞清楚，到底什麼才是完整經驗的概念呢？如果用白話的說法是，讓個案重新再經歷成長過程裡的完整經驗是指什麼呢？這是可能被重複的情境嗎？或者在心理上是有可能的？

六、

你說，你好奇誰在我這裡進出，你只是想知道答案而已，沒有其它的想法。這是你近來常重複問我的問題，是不是還有其他的人會來我這裡？我並未直接給你答案，因為我覺得連謎題都還在風中，這讓你很不安。我是不願意變成，只是要不要回答你的問題的困局，如果這麼思考，那就真的落入困局裡，一如我需要思索和觀察的是，你的問題雖然略帶著不經意的

疑問，卻是以不斷地出現的方式，讓我不會想要了解你問題裡的其它心思？

我聯想著麵包，在你的胃和食道的進出，你會猛吃，也會在之後吐出來，最後仍是空空洞洞的感覺。這好像主動塑造了空洞感，或說空洞感以主動的方式，驅動著吞食和嘔吐的發生。一如你重複問著問題，你預期我不會給你答案，這是你的預期，好像如果我給你答案，填滿你的疑問，你就不會再那麼有興趣且堅持地想要問我。我也知道如果我此時說這些，帶來的可能是你更大的誤解，好像我硬要塞給你，關於你吞食和嘔吐的心理動機。

其實，你那通電話，讓我想了很多事情。你有很多話想說，我覺得那是無法說清楚的曖昧。你說，我不直接回答你的問題，讓你很不高興，你想著我怎麼連這麼簡單的答案，都捨不得給你，那麼憑什麼要你相信我說的，相信我是在幫助你呢？相對於前述的這些想像，固然是重要的，也是我得以不被你的困局所侷限的重點，因為依照你的說法，我只能依你的意思，你問我什麼，我就回答什麼。但是實作經驗裡早就發現，沒有理由要如此簡化心理狀態，如果只是依此來思索問題，可能反而使你更覺得失望，變成我只在表面上應付你，而不願意等待其它更深層的心理動機，讓它們能夠有機會被經驗和被了解。

這時是否empathy更形重要呢？這是馬上直接說

出你的潛在心理動機，眼前這是更重要的工作嗎？我相信這麼說，好像說到了不少人常聽到的說法，只是我抱持著疑問，真的這麼單純嗎？說出那些潛在心理動機，是可以被消化的嗎？我能夠在你對我失望的時候，直截地說，你對我感到失望，或需要分更多層次、更多段落說出來呢？是否後者的作法本身，就會是很好的empathy呢？我還沒有答案。

「當母親離開嬰兒，他感到不止失去一個真實的人，也失去他心智中的對應物。因為在嬰兒的心智中，外在世界和內在世界的母親仍很密切地相連，或多或少彼此依賴。嬰兒失去對他而言重要的愛、保護、和生命源泉的內在母親，會大大加重失去真實母親的威脅。再者，丟開壓舌板的嬰兒（我認為棉線棒的男孩也一樣）不止丟掉因挑起他的攻擊而被排除的外在和內在母親（然而也可以被取回）；我認為，他也外化了他所害怕失去的內在母親，因此可以告訴自己，這個內在母親（現在由地板上的玩具所表徵）並未從他的內在世界消失，沒有被納入的行動所摧毀，仍然友善並願意被他玩弄。透過這一切，孩子修訂他和內在與外在的物與人的關係。因此特定情境第三階段最深的意義之一是，嬰兒得到關於外在母親的命運以及她的態度的安慰保證；伴隨這種焦慮的憂鬱情緒被釋放而重新得回快樂。」7（周仁宇 譯）

---

7 取自Winnicott, D.W. (1941) The Observation of Infants in a Set Situation.

我引述這些說法，並不是表示我這時就做到了，我只是端出這些說法，如同遙遠的北極星高掛天空般，可以作為指引的方向，四度空間的指引，而不是線性軸式的指引。

七、

　　你說，媽媽早就死掉了，然後沈默，好像沒什麼可以說了。你已經下了一個結論，我是納悶著，你這個結論如此堅定，好像你是主宰著媽媽是否早就死掉的人？雖然現實上媽媽仍活著，你有時抱怨媽媽掌控著你的生活和你的感情。我想著你說的，媽媽死掉了，和葛林的著名案例《死亡母親》有什麼差別嗎？仔細想想，到現在你不曾說過，你有什麼快樂時光，好像你出生下來就不知快樂是什麼。

　　你雖然看得出來同學的開心模樣，但你根本不知道，他們為什麼快樂，到底快樂是什麼？我是替你心酸的，我想著，相對於葛林的《死亡母親》的案例，曾經有過小時候的笑臉榮光，只是後來母親憂鬱了，無心在他身上，他頓然失去了生命的陽光。而你是出生就不見生命的陽光，不過這會讓我更了解你是怎麼活過來的嗎？你口中的媽媽，真的是如你所說的嗎？我是不會真的去追究，你媽媽到底是怎麼樣，畢竟你心中的媽媽就是這樣子。我只能盡力了解和體會，如果你心中的媽媽是這樣子，那麼你是如何活著，並活

下去，再走進診療室呢？每一步，都是不簡單的迷惘吧？

我只能先依著佛洛伊德描述過的經驗；生命早年的情感和故事之間是分離的，情感仍在，但附在其它事情上。這也是我的工作經驗，因此我服膺這個經驗之談，想著溫尼科特的說法，也許比葛林的案例更貼近你的實情。

「後送兒童的工作與成人的分析形成對比。個案越嚴重，建立對環境的信心越重要。……後送過程裡有著許多孩子無法理解之事，需要使用庫存裡的症狀來面對。症狀代表孩子對環境還有點信心，而沒症狀的孩子經常是處在更深的絕望裡。」[8]（周仁宇 譯）

你說，你甚至無法好好區分快樂或不快樂。你說過，無法了解為什麼有的同學，可以無緣無故就是開心的樣子。跟他們相比，你才知道自己是多麼不快樂，雖然你根本不知道，快樂是什麼。因此你的不快樂，並不是說你知道快樂是什麼，而對比自己的不快樂。我雖然說，溫尼科特所描繪的經驗更接近你，但我還是遭遇難題！你已經不再是兒童，更不再是嬰兒，你早已走過他所描述的情況了，雖然我見到你時，你是帶著創傷而來，但那是傷疤，看見傷疤，並不等於看見你的創傷。

當我想著要如何體會你的情況，這是可能的嗎？

---

8 取自Winnicott,D. W. and C. Britton (1944) The Problem of Homeless Children.

為了讓我可以體會它的模樣，我需要揭開你的疤痕，讓創傷直接顯露嗎？這是你需要的嗎？你在這時候掙扎著，說媽媽是早就死掉的人時，揭開傷疤，是要讓你看見死掉媽媽的模樣嗎？這是什麼意思呢？這是精神分析？這是分析治療？這是心理治療？我是猶豫的，甚至當時我想著，我要如何安慰你呢？你說，曾試著對著鏡子笑，想想那是不是快樂？那是你在玩的遊戲，只是事後更覺得，臉皮很疲累，你動用了平時少用的臉部小肌肉群所擠出的笑容，勢必也是苦笑吧？

其實你那通電話，讓我想了很多事情。你有很多話想說，我覺得那是無法說清楚的曖昧。我如何安慰你呢？這真的是你需要的嗎？我甚至想著，我總不能就只是以沈默來面對你。我早就經驗過，故事所流露出來的孤單是難以慰藉的，但是我需要說些什麼，做些什麼嗎？不然只是讓你流露出來的情感枯乾掉，然後再次經驗著，不只是你感到你的媽媽早就死掉了，甚至你眼前的我，也是死掉了。葛林曾說，面對這種情境，個案是需要被empathy的，但是你的情況是更枯乾！甚至我如果說，你會常常在很短的時間裡吞下大量麵包，是為了滿足從生命早年至今，從來就缺乏的飽足感。這樣說是有用的或者根本只是風涼話呢？

我想著，是否愈直接談及生命早年的經驗，對你來說，會變成是在進行著催眠的暗示技術？如果採取

137

分段式說出眼前的現象與目前的意義，而不是一下子拉到生命早年的說法，乍看起來像是暗示，不像是古典的詮釋技藝，但在過程裡，可以讓更多岔出來的路出現，就更貼近自由飄浮的注意力，就會更像是分析的技藝？無論何種情況，我想著一個難解的謎題：在這個過程裡，empathy的角色是什麼呢？

八、

你說，媽媽沒有給你任何東西，甚至媽媽一直跟你要東西，要你每個月給她錢，三不五時，又要你幫她買什麼東西，說是為了要送給她的朋友。你說你收入有限，怎麼可能買得起呢？然後你小聲說，好像只對自己說，難道要我吐出來給你嗎？我記不清楚是吐出來還你，還是吐出來給你，我馬上警覺地想到，你會大量吞下麵包，然後再吐出來的這件事。這是你受苦的事，雖然這受苦何以無法接受意志的主宰，而走著自己的命運？

如果你吐出來的是充滿胃酸味，我卻再度被自己的心酸所淹沒。我覺得在這種情況下，說什麼都是多餘的，畢竟你仍是盡你的力量，要滿足你媽媽的需要。雖然你是充滿著不屑的神情，好像如果我想要表達同情或感同身受的話語時，只會淹沒了你。但是被什麼淹沒呢？我的心酸或你的胃酸？顯然地，你的矛盾很表面，迷惘卻很深沈，甚至這些胃酸和心酸，意

味著有難以說明的謎在那裡。

　　對於人生的謎，我能做什麼，或者需要替你做什麼？是否需要替你做什麼，是需要的想法嗎？雖然在人生的實情裡，是常遭遇到想給對方什麼，但對方卻不領情，或者對方一直要什麼，要個不停，而讓當事者拒絕再給。這些都是日常生活裡的實況，那麼在診療室裡，我要如何想像這些？把它就當作是外頭的事跟在這裡都無關嗎？好吧，這是另一個有趣的話題，關於心理世界和外在環境的關係，尤其是在我這行的專業職人裡，仍是一個爭論的話題呢！我是傾向藉用佛禪宗的說法，「空不礙有，有不礙空」，作為基礎想法。

　　empathy的本質是靠山，是治療師作為環境客體和外在客體，透過說話或不說話，讓個案能夠覺得有人願意了解他，而且可以了解他。雖然這可能是一種錯覺，一如嬰孩生命早期生存下來時所需要的錯覺，覺得周遭一切都是自己創造出來的，例如，奶水或後來被叫做母親的客體，但如果要體會這種生命早年的經驗，是需要某些錯覺才能達成目標。讓他覺得我們的話語和態度，可能會抵達那些早年的經驗地帶，並且見證當年所發生的事，也就是本質上，empathy的運作成功是需要某種錯覺。

　　就像溫尼科特在1945年，書寫一篇具有分水嶺效應的文章《原始的情緒發展》，這裡的「原始」是指

生命很早年的經驗，他談到自己要自由書寫：

「我的標題一目了然：我選了一個非常廣的主題。我只能做初步的個人聲明，彷彿是在為一本書寫引言。我將不做歷史回顧去表明我的概念如何從別人的理論裡發展出來，因為我的心智不是這樣運作的。實情是，我收集這個、那個，從這裡、那裡，集中注意臨床經驗，形成我自己的理論。最後才讓自己提起興趣去看我都從什麼地方偷了些什麼。或許這和任何方法一樣好。」[9]（周仁宇 譯）

其實，你那通電話，讓我想了很多事情。你有很多話想說，我覺得那是無法說清楚的曖昧。從歷史上來看，這是溫尼科特要脫離克萊因的影子時，所採取的作法。溫尼科特的自我如此強韌，他藉由書寫的風格來展現自己的自由。對你來說，我相信如果仔細想想，你不會是自比溫尼科特吧？你曾有自由去選擇自己活著和活下去的策略，而溫尼科特曾經跟著克萊因學習一些相關技藝，你在心裡卻不曾有人作為你學習的對象，這雖然不一定是事實，但頂多你是學習著你後來不喜歡的技藝。我很難區分是否是如此？

九、

若使用比昂的連結（linking）概念來想像empathy，會是什麼要和什麼連結呢？這些連結是自由

---

[9] 取自 Winnicott, D.W. (1945) Primitive Emotional Development.

戀愛而相熟，或是制度下逼婚的後熟呢？我相信比昂是更強調思考的重要性，但常被當作是冷冰冰的思考，這會讓empathy有機會產生嗎？我們想的和個案離多遠或多近，才是有產生empathy的可能性呢？雖然我們仍需要不斷地問著，自己真的需要empathy這件事嗎？是誰需要呢？我們是因專業的緣故，而覺得需要提供，或者個案真有需要呢？

　　一路上從失落創傷裡走來的人，會不需要他人的empathy，這其實是件不可思議的事，怎麼可能會不需要呢？因此問題是在於意識上需要嗎？或者意識上仍然拒絕，他們會覺得有人要來親近就是危險的事，對於任何連結都是當作侵犯？我是建議，最好如此假設，在這種假設下慢慢前進，我們的傳統說法是，慢慢等待。

　　我們的專業經過一百多年的臨床試煉，早就知道是「慢慢等」，但這種慢如果被個案當作如同死亡般，那麼這種慢就不再只是慢，而是死亡，勢必需要動一動的說些什麼，為了顯示我們還在，是否有時候這就是最必要的empathy？

　　你再度提及那通電話的事。你是這麼說，你只是打電話給我，要我給你意見，你不知該怎麼辦？你說你並沒有其它企圖。我好奇你使用「企圖」這兩個字，以及你說的企圖是什麼。你說的方式是擔心我會誤解你有其它企圖，或你覺得我是這麼認為？因此你

141

是以澄清的方式來說這件事。也許可以就在這些話語的內容上打轉，相信這些話語要談的範圍，已經全在裡頭了。

　　你覺得很難說自己沒有被冒犯的感覺，我的解釋你是接受的，這種接受是由於你很難忍受被誤解，如果沒有馬上澄清，會讓你好像有當年生不如死的感覺。我接受你的說明，並不妨礙我需要另有它想，尤其是溫尼科特公開說的，在《反移情裡的恨意》裡他這麼說：

　　「〔考驗下的客觀的恨〕……分析師的恨一般是潛伏的，並且很容易維持潛伏。但在精神病的分析時，分析師的恨要維持潛伏比較艱難，只有透徹覺察到恨才能做到。在此我要補充說，在某些分析的特定階段中，病人其實是在尋求分析師的恨，他需要客觀的那種恨。若病患尋求客觀或有道理的恨，他必須要能找到它，否則他無法感覺到他可以找到客觀的愛。……

　　我相信在精神病的分析，以及一般分析的最後階段（即使是個正常人），分析師必定會發現自己在和新生兒母親相稱的位置裡。比起胚胎或新生兒同情母親的能力，深度退行時，病人更無法認同分析師，或理解分析師的觀點。」[10]（周仁宇 譯）

　　我當然知道這些話語不可能如此明白地傳達，那是難以消化，無法思考的專業語彙。不過對我來說，

---

[10] 取自Winnicott, D.W. (1949) Hate in the Counter-Transference.

這些話語是一扇窗戶，拉開了窗簾，有時還需要我們打開窗戶來迎接吹來的風。也許你會嘲笑說，在都會區這種天氣下打開窗戶，進來的都是髒空氣。如果你能說這種笑話，倒也是良善的事！長久以來，你對於媽媽的恨意，若還能有這種笑話對我展開溫柔的攻擊，這可是很厲害的文明呢！但我猜測，你對於這種文明，大概仍會覺得是對應你的恨，是種拘束，會妨礙你繼續伸張自己的需要；只要有人是隨時看著你，不論你是哭或者笑，你都難受。

我想得更多，只因我很難相信這是容易的事——就在旁邊看著你，不論你哭或笑。我需要想得更多，才能讓這種好像只是小小的期待，就在你旁邊，讓這件事有個定位下的某個動作，可以站得穩當。例如，回到開頭說的連結，這時在你旁邊，是種連結吧？如果是這麼簡單的動作，何以需要大做文章，需要一大堆精神分析的論述呢？其實仍是需要的。簡單化或做起來很簡單，這是兩件差距很遙遠的事，因為簡單化可能是製造問題的起點，而要做起來簡單，是需要勤練功夫。

好吧，我還是需要先想想，從連結的角度來說，我們專業職人對個案的移情所做出的詮釋，是為了造出一座橋，可以通往移情的領域，或者已經是闖進了移情領域裡，詮釋是在動手動腳而已？實作的情況和專業職人的期待或預期，有多少差距呢？如果沒有好

好想一下這些困難的課題，我相信只是接一通電話，都會變得很困難，而這種困難是來自於，過於簡化的相信，你的電話只是一通電話。

十、

　　我們就是這樣累積了解對方形成語言，或態度的過程，先有結果和症狀，再回頭來尋潛在的緣由。這是我了解你或別人的方式，甚至也在這個過程裡，發現了自己。這樣的說法是不是有些奇怪呢？

　　你們可不要以為我知道了什麼，我不知道的比知道的還要多。你們可能要很久才會知道，我這麼說，不是謙虛，而是一種內心真實，也是外在現實，我還無法說清楚，既然如此，我何以仍想要多說一些什麼，而不就此放棄呢？

　　放棄，如同絕望般，那是容易的事，一如很多人沒有症狀，沒有吶喊，卻是心死了，早就絕望了。這讓後來的努力，只是替絕望添加火力，在絕望的深淵裡讓火更旺盛，卻可以被誤解為，那是理想或理想的化身在伸展手腳，準備要開步走。這是一種錯覺，以認真的態度，卻給了自己一帖可能出差錯的藥方，或只是愈走愈走向難以再爬上來的深谷。雖然沿路有鳥鳴，有老鷹的呼喚，但迷惘都被聽成是嘲笑。

　　溫尼考特的觀點，有意義（meaningfulness）取代滿意（gratification ）這個字，成為本能滿足的標準。

不過，不少個案來診療室，不一定是要找到什麼意義，尤其是在受苦的時候；對精神分析取向來說，這種情況下的個案，如果意義的獲得是來自於詮釋的技藝，那麼empathy呢？它只是帶來個案的滿意嗎？或者它對意義的誕生，也是重要的過程？這涉及意義是誰提供的，治療師或者個案自己呢？因此是否empathy也可能帶來意義或是滿意，或是兩者不同比例的混合？

我打電話給你，告知你，我有事這次得請假，無法和你會談。我忘了在面對面治療時，是否有告訴你這件事？這種遺忘，在你我之間，變成了某種事件，讓你覺得很突然，好像我應該更在意你。你沒有說的話好像是，我必須把你更放在心上。我不確定自己是否曾當面告訴你？這種遺忘變成了「我忽略你」。

你問了一些我個人的問題，好像硬要把問題塞進我的嘴巴裡，讓我滿嘴東西而無法回應；好像是期待，你是唯一的，你可以膨脹到塞滿我的時間和空間，而且讓我難以消化。我想到你說過的，常會莫名地以麵包塞滿自己的胃，而我的時間和空間，是你的胃，你的空無，餓不死但也填不飽，強迫地做很多，吃很多，是某種強迫式地尋找空無，只因無法承受空無，但又不知自己無法承受的是什麼。

你說莫名的吞食麵包，我想到的是，「躁症防衛這個術語意圖涵蓋一個人否認憂鬱焦慮（情感發展不可或缺）的能力，這個焦慮取決於個體感受罪疚，以

145

及承認對本能經驗及其相伴之攻擊幻想之責任的能力。……

我們應該可以將全能操弄、控制、對常態的貶抑等的減輕連到常態，連到每個人在日常生活都以某種程度運用的躁症防衛。例如，我們在音樂廳裡，舞者上了台，訓練有素，很有活力。我們可以說這裡是原初場景，這裡是暴露狂，這裡是肛門控制，這裡是對紀律的自虐式臣服，這裡是對超我的抵抗。遲早我們可以加上：這裡是生命。難道表演的重點不是對死亡的否認嗎？不是對憂鬱的『內在死亡』意念的防衛嗎？而性之內涵的賦予是在這之後才發生的。」[11]（周仁宇 譯）

「這裡有生命」，這是控訴或告白？我還不知這些想法，讓我對你的情況可以有多少的想像？當我覺得，如果對你的情況有更多的想像時，就意味著我是更能夠empathy貼近你的狀況？或者在這裡的empathy是什麼？對你來說，它是需要存在的概念嗎？這是生命之迷也是謎。

十一、

我想著我的專業裡提到empathy時，是指錯覺或甚至是幻覺嗎？首先我先說明，我對「錯覺」和「幻覺」這兩個詞的想法。「錯覺」是想要代表illusion這

---

[11] 取自Winnicott, D.W. (1935) The Manic Defense.

個字的意涵，是錯誤地解讀某些現存的現象，例如對於母親提供的奶水，覺得是自己創造出來的，這不必然屬於精神病（psychotic）的範圍。而「幻覺」是目前精神醫學裡常用的hallucination，是屬於精神病的症狀之一，葛林再把它分成兩種，positive hallucination指的是「無中生有」的聽幻覺或視幻覺；另一種negative hallucination是指，對存有的現象「視而不見」，比一般所說的盲目還要更嚴重，是對於現實的否認。例如，你提到的暴飲暴食，意識上，你是知道吃太多，而且加上「暴」字，是有某種猛烈的意思。但是猛烈是指攻擊嗎？對象是什麼？空洞的胃或孤獨無力的心情？這裡的「暴」是大多數人接受的語彙，這是錯覺或幻覺的結果？如果說是幻覺，就把你的行為塞進精神病的範圍，但有這麼嚴重嗎？或者空洞感和匱乏感有程度的差別嗎？有些是和現實相違的幻覺，有些則只是錯覺式的迷惘，以為胃很空或心很匱乏。

　　我其實不認為知道這些真相，能夠解決目前的困境。因為陽光和陰影都只是比喻，既然你使用比喻來談論心情和想法，那麼這時候知道所謂的真相，有什麼用嗎？並非真相不重要，我也不全知何以我認為這時候，所謂真相並無法解決你的問題；除了什麼是真相，我是充滿懷疑外，我甚至覺得，真相要回答的謎題是什麼？什麼才是謎呢？是誰打造了謎呢？

我在本文要談的是empathy這個語詞所代表的作為和感受，它是錯覺或幻覺嗎？如果先簡略的以幻覺來說，很難說沒有「無中生有」，或者某種盲目的否認，畢竟如果要讓人真的面對創傷真相，這是無法忍受的。錯覺的說法，是以其它的方式來解讀，治療師想要提供的empathy，似乎是必然的。但並非我提供什麼說法，你就會如我預期那般回應和感受。

　　這次電話過程裡，我是提醒自己，對你的反應就以一般平常的方式看待，這種對自己的提醒可以說是empathy自己嗎？這種提醒很有用，幫自己煞住車，不是被你所展現的潛在攻擊所淹沒。但是如果我完全覺得你沒有攻擊，你可能展現隱微攻擊的方式，我卻無法有所警覺，於是錯失在內心採取某些必要反應或心理轉折，讓自己不會被淹沒。

　　在你掛掉電話時，我仍記得你在電話那端的不滿意，或者我當時的解讀是，你只是不夠滿意，而不是不滿意。但是從不滿意到不夠滿意，只差一個字，但會引起我的反應，可能是不少的差別。「不滿意」的另一端是「滿意」，那麼「不夠滿意」這語詞所傳達的內心經驗，具有如溫尼科特所說的過渡空間的創意。這是錯覺吧？卻是如此重要！或者「不夠滿意」是貼近比昂所提出的container的原始概念，作為戰區和非戰區之間的隔離帶，一如當初的冷戰，以第一島鏈和第二島鏈隔開自由與鐵幕的意義。

以溫尼科特的經驗談，或許可以讓我再來想想這種處境，「母親是個成熟且在生理上能忍耐且理解的人，因此是她創造了情境，讓嬰兒（若運氣好的話）首度與外在客體聯繫。

　　換句話說，嬰兒在興奮，並且準備好要去幻覺某種適合被攻擊的東西時，遇見乳房。在那一刻，真正的乳頭出現，而他能夠覺得這就是他幻覺到的那個。因此他的幻覺被真實的影像、感覺、氣味等細節豐富起來，下一次這個材料便可以被用在幻覺之中。如此這般，他開始建立起召喚真正可用之物的能力。母親得要繼續給嬰兒這種經驗。若嬰兒被某人有技巧地照料的話，這個歷程其實極為簡單。」[12]（周仁宇 譯）

　　這個照料的過程，是精神分析取向必要的嗎？也是屬於某種empathy嗎？

十二、

　　很多簡單的事情和經驗，都是難以了解，難以言說，甚至不知那是什麼，以及根本不知有那經驗。這也許可以說是阻抗，而使得表達需要曲折迂迴，但表達的美學和技藝，也因此有了發展和創意的空間，並且在建構的過程裡，引用了其它的材料，作為構築工事的材料，促成了原本只是作為工具或材料的經驗，變成值得再被細究的文字和經驗。

---

[12] 取自Winnicott, D.W. (1945) Primitive Emotional Development.

這些旁支經驗和知識的了解，因此打開了視野，再重新看原本要保護的內容，可能跟這些材料也是有關的，是無意中引進那些材料，是不自覺的覺得只有這些材料，才能好好的構築出可以保護的城堡。這種潛在的想法，就構成了有趣且重要的訊息，間接傳達了原本要表達的是什麼，或者它們是有多少的脆弱，以及它們的脆弱的特性和品質是什麼？

那麼在你的反應裡，你的心智地圖上，有多少天經地義的線條和註記呢？這張地圖上，有多少符號密碼，或者更常見的是，我們不覺得被了解和被接受，因而對客體有不愉快的反應？到底這些日常反應的語詞描述，如被了解和被接受，它們和empathy有什麼關係，有什麼交集嗎？因此會覺得需要被empathy，需要被同理，需要被神入，需要被同感？就經驗來說，需要被同理是出現在我們的日常用語裡了，那麼我們要談empathy時，我們需要再了解，多少日常語詞是和它有關？何況我甚至不知，我的話語和態度，能夠多少程度傳神地表達我的意思呢？

尤其是你今天花了很長的時間談論電影，我記不起你是如何轉到這個話題，但你說著關於希臘導演安哲羅普洛斯的《永遠的一天》，那是我很喜歡的導演，而《永遠的一天》也是我很喜歡的電影。照理，如果在診療室外，我會很高興和對方談論更多的細節，但是這時候，我卻不能跟你一起高興談論這部片

子所流露的悲傷訊息。我知道你的神情是很悲傷，只是不知是什麼事，引發你這些長久存在的悲傷。對我來說，卻是遇到了挑戰；會這麼悲傷的早年理由，通常是很簡單的，只是此刻因這部電影卻複雜化了。我想著溫尼科特說過的話：

「特別是在一開始，母親重要至極。其實，保護嬰兒遠離自己尚無法理解的困難，並持續穩定地提供被簡化的世界片斷，讓嬰兒透過她來認識世界，這便是母親的工作。唯有在此基礎上，客觀性或科學態度才能被建立起來。無論何時，任何客觀性的失敗都和這個原始情感發展階段的失敗有關。唯有在單調的基礎上，母親才能有益地加入豐富。」[13]（周仁宇 譯）

你去旅遊時買的茶杯，你描述你如何包裝保護，帶回來專程要送給我。我如果不收下，是否太缺乏人性了？有這麼嚴重嗎，或只是日常語言裡的缺乏人情味呢？是的，你這時候，不是嬰孩了，雖然在這時候出現我們說的「退行現象」，但這等於嬰孩嗎？有人說精神分析師也要有humanness，但是這是「人性」或是「人情味」？兩個說法的後續衍生態度和作法，會有不小的差異呢。不過如何想和做，不必然完全等同於一般的社交，而仍維持著「分析的金」的基礎，對於移情有密切的觀察和想像為基礎的人情味呢？人和人之間，有這樣的關係嗎？

---

13 取自Winnicott, D.W.（1945）Primitive Emotional Development.

十三、

　　我主張empathy是動態的過程，在不同時刻，有不同程度的孤獨，和關切他人的能力。兩種能力都是需要的，孤獨能力和關切他人的能力，是平行存在一體的兩面。這裡的孤獨和關切他人的能力，是來自溫尼科特的概念。「靠山」是否就是他所說的「促進的環境」呢？溫尼科特形容，生命很早期嬰兒處於絕對的依賴時，外在環境需要提供以嬰孩為核心的存在和協助，但是後來則是在不滿足的失敗裡逐漸成長。

　　某次，你在談論孤單時，你像沈陷在某種迷惘的深淵裡，說得很小聲，好像不是要說給我聽的。我大致聽到你說著陽光和陰影的比喻，那時候我很難不去思考，你的說法裡有幾分在彰顯想法或幾分在遮掩想法？也許，你的孤獨一直在張牙舞爪，使得陽光和陰影被撕裂成相互重疊且相互融合的東西。我想著，混雜著陽光和陰影的你很曖昧，是一場難以捕捉的風。我一時之間找不出什麼話語來形容這種感覺。也許可以這麼說，陽光出現的時候，你就會馬上塗抹上陰影。這些想法還不足以讓我覺得了解你，而能夠說些什麼，不過你在說著陽光和陰影時，倒是讓我想到溫尼科特談論小孩子，喜歡泡泡和雲的說法：

　　「主觀有極大的價值，但它太令人擔憂且神奇，所以除非和客觀並列，否則無法被享用。

　　我們將會看到，幻想不是個體創造出來處理外在

現實之挫折的東西。只有作為動詞的幻想（phantasying）是如此。幻想(phantasy)比現實化 (realization) 更配得起原初（primary）這個字，而他被世界的豐富所豐富則依賴著我剛才描述的錯覺片刻。

錯覺是個很廣而需要被研究的課題；我們將發現它提供了孩子對泡泡和雲和彩虹和所有神秘現象，以及對絨毛（這最難直接以本能來解釋）之興趣的線索。與此相關的，還有對呼吸的興趣，這興趣永遠不決定呼吸主要來自內在或外在，同時提供了心靈、靈魂、和生命概念的基礎。」[14]（周仁宇 譯）

以複雜的empathy概念經驗，來看溫尼科特的論點，或者可以相反過來，就只是先嘗試以溫尼科特的說法，來談論empathy的豐富性，如何被開發出更多的想像空間？也同時疑問一個很常見的命題，何以當我們覺得對方在施行empathy的技術時，反而會是不愉快的？反而把施行者的目的打折扣，或者直接說「我想要empathy你」是一句很爛的話語。

只因這麼說就不夠神秘了嗎？也就是說，這是一項只能做，不能說的技術？我們是可以先問，它是重要的技術嗎？它是必要的技術嗎？它是意識上不被特別強調，但是在日常實作的任何互動裡，它是否存在於每一個瞬間？如果是如此，那麼它就很重要了。我的系列疑問，其實就是在導向這是很重要的課題，值

---

[14] 取自Winnicott, D.W. （1945）Primitive Emotional Development.

得再細究它，作為臨床實作的反思。我想做的是，除了引介他人重要經驗的描繪作為參考點，自然也是期待，回到觀察我們自身的語言系列下的運作。

十四、

　　什麼是「詮釋」？能以「詮釋」作為empathy的技術嗎？或者需要開發其它的語言表達模式？對於克萊因的負面移情的詮釋，所引發個案的反彈，常遭到不同學派的抨擊。John　Steiner是克萊因的跟隨者，他因此提出了技術修改，不過他無意改變詮釋負面移情這項技術，因為他主張個案會反彈的理由，是分析師對於個案在負面移情下，有著期待個案在聽到詮釋後，可以了解分析師的意思，並且產生改變而減少負面移情的破壞力。

　　因此他提出的解決方法是，分析師做著負面移情的詮釋時，心態要有些改變，不再是期待個案因此有洞識，進而改變破壞的行為，而是只要傳遞分析師對個案的內心世界是有所了解。這個說法間接表示，他想要透過詮釋的方式，來達到empathy，這跟通常在詮釋時，是期待個案有所洞識，而改變行為是有所不同。雖然他這個新期待是不容易做到，或者真的做不做得到，是個疑問。或者這種改變本身，也傳達了一個訊息，在某些時候，尤其是個案有著強烈的負面移情時，相對於讓個案知道自己是怎麼回事，empathy讓

個案體會到治療師可以了解他，是更重要的事。

　你說你很不高興，半年前在你曾經很脆弱，需要依賴我的時候，我還跟你說，你那次遲到是對我的不滿。那天你出門後，被一輛腳踏車卡到而擦傷，褲管還磨破了。你聽我那麼說，就什麼話也不想說了，只覺得自己很氣很氣。

　雖然個案這麼說，並不必然就沒有潛在的破壞力，不過就心理實情來說，這是多方的，從搞破壞到能夠感恩所走過的路程裡，都值得細細描繪腳印裡的景色。尤其是碰到時好時壞的個案，意味著分裂機制的作用，那麼愈是如此，意味著路更長遠，有更原始的反應存在著。對於文明化的過程，那些不滿可能是無法被撫慰的，例如，我們的詮釋加以明文化所具有的文明效應，但潛在的不滿會更強烈。倒是我們真的很難完全理解，在分裂狀態時，它的心理地圖是什麼？在自戀狀態裡，它的心理地圖是什麼？在空洞匱乏裡，它的心理地圖是什麼？在矛盾裡，它的心理地圖是什麼？在客體關係裡，過渡客體的角色是什麼？這些指標是同一時刻，同時存在的多重狀態。

　這些不同的狀態，是臨床上意圖要了解更細緻的臨床過程，而設定的命名，涉及我們宣稱要empathy個案的內心世界時，我們的心思指向的是內心裡的豐富層次感，我以溫尼科特的說法來作為佐證：

　「在古典分析慎選之個案的精神分析中，痛苦以

155

焦慮的型式出現，伴隨著記憶、夢、和幻想。但作為分析師，我們會涉入一些病人的治療，這些病人必須透過在移情裡重現來憶起嬰兒期的真實臨床崩解。在所有案例裡，緩解都必須透過喚醒原初無法承受的焦慮或原初的精神崩潰。如我所說，這個崩潰與當時無法被收編進個案全能的環境因素有關。這個嬰兒對外在因素（不論好壞）一無所知，並受毀滅威脅。在成功的治療中，病人能夠排演出創傷或環境失敗並在個人全能的領域裡去經驗它，藉此減輕自戀的傷口。因此，作為分析師，我們一再涉入失敗的角色，而要我們接受這個角色並不容易，除非我們可以看到它的正向價值。」[15]（周仁宇 譯）

我覺得這說法很重要，值得再強調，也可以說這是empathy的另一種定義，「個案對外在因素完全無知，不論好壞，只是受毀滅威脅。在成功的治療中，病人能夠排演出創傷或環境失敗並在個人全能的領域裡去經驗它，藉此減輕自戀的傷口。」甚至這種潛在的嬰兒期崩解經驗的共同存在，是另一種喚起強調「做自己」風潮的潛在緣由，「做自己」就像是符咒或咒語，避免直接觸及崩潰感，讓我們面對這種「做自己」的主張時，對於這種現象跟我們的心理貼近程度，我主張這種貼近程度也是empathy的某種定義。

---

15 取自Winnicott, D.W. (1962) The Theory of the Parent-Infant Relationship—Further Remarks.

十五、

溫尼科特在《The Observation of Infants in a Set Situation》（1941）和《The Use of An Object》（1969）裡提出的觀察和想法，1941年這篇他描繪放鴨舌板在明顯可見的地方，觀察小孩子如何運用它和玩它，來推論小孩的客體關係。溫尼科特描述有些小孩明顯猶豫是否要拿鴨舌板來玩，到最後能夠玩的過程。

你說我竟不馬上收下你送的小禮物。那是前個週末和朋友去玩時買的小禮物。你說看見那禮物時，就覺得很好玩，一定要買下來送給我。禮物其實很便宜，純粹只是好玩，你覺得我一定也會覺得很好玩。顯然地我沒有很快覺得好玩而收下，讓你覺得很掃興，很不好玩。

我是心裡這麼承認，一個小禮物作為好玩的交流和溝通，你此刻的心情，我是煞風景的吧？雖然我這麼想，並沒有讓我立刻改變態度，不過我倒不是以一定不能收下這小禮物作為基礎，而是想著在好玩的基礎上，我所做的是什麼？

也許可以這麼說，個案的「玩」的方式，有著早年客體關係作為背後基礎，至於後來對於客體的使用，如果進一步運用溫尼科特的論點，個案是如何玩治療師，或者和治療師之間如何玩？只是這時候的玩，在外顯上就不會和孩童時相同，以精神分析來

說，是語言和說話更被注重，而不是肢體的玩。不過既然有一起玩的概念，在背後裡，原本玩的意義裡的「玩耍的態度」和作法，就很難完全被切離。

讓詮釋之外，「支持」和empathy的運用，有進一步思考的「可能空間」。依我的意見是，要留有多少「餘地」，可以思索複雜臨床過程裡的技藝，是個重要的自由空間？畢竟在診療室裡，個案和治療師之間，除了以詮釋的方式說話，還有不是以詮釋方式說話的時候。大多時候是沈默地聽個案說話，這些時候是否有著更多值得再仔細探索的內容呢？

在技術上，克萊因學派和溫尼科特取向者，兩者對於詮釋是什麼，要詮釋什麼，什麼時候做詮釋，對於詮釋的期待是什麼，都有不同的想法和說法，以及兩種取向對於empathy是什麼，要如何做，是重要且必要的臨床技藝嗎？或者只是作為走向詮釋前，不得已且不得不的技術呢？

說話是文明發展的重要進程，我們在診療室裡的說話，更是需要象徵能力，但是人和人之間，或是一般我們所說的empathy，除了話語外，也同時需要意在言外的溝通訊息。而早年受創傷者的情況，是如同溫尼科特所描繪的，「正常的孩子享受與母親的無情關係，這大多在玩遊戲裡顯現，而他需要母親，因為只有她能被期待去承受他即使在遊戲中也存在的無情關係，因為這真的傷害並消耗了她。若是沒有這種和她

的遊戲的話，他會只能把無情的自體隱藏起來，然後在解離的狀態下賦予它生命。」[16]（周仁宇 譯）

因此不論如何稱呼empathy，同理、共感、神入或同感，如果它不是只是說一些表面聽來很想要貼近對方感受的話語，它還是什麼呢？「只因期待她承受即使在遊戲中也存在的無情關係」，對於empathy可能是什麼的深度心理學，是個相當深刻且值得仔細體會的過程。它能讓曖昧和迷惘交織的網解開嗎？

十六、

empathy是需要有關懷他人的能力作為前提，要能關懷他人，也同時需要孤獨的能力，兩者相輔相成，才能鋪出一條路，可以走向empathy。不過，這裡所說的孤獨能力，不是一般想像的，把自己孤立來的意思，而是如溫尼科特所描述的，有孤獨的能力者，也有能力和客體建立有創意的關係。

我的假設是這樣，以臨床過程來說，是治療師假想要告知個案，某個目前正遭遇的核心問題的起源，但覺得個案難以聽進去，如果治療師仍只是想再說一次，變成好像要硬逼個案看見治療師指出的重要問題，然後個案的問題就得以解決。不過在這種被理想化的解決方式下，治療師可以有多少體會，能夠區分出多少層次的內涵，對於要直說的那些答案，有著更

---

[16] 取自Winnicott, D. W.（1945）Primitive Emotional Development.

多層次，一層一層如切香腸般的方式來表達想法。進而可以在一層一層談論的過程裡，像是暗示的過程，直到我們假設最核心，也就是最受苦的課題可以被談論，如果有更多層次的過程，是否表示著更有empathy的質呢？

也許有人會覺得，這種說法像是催眠式的暗示過程，答案是類似，但是方向不同。一般所說催眠式的暗示，是針對目前問題和早年預設的創傷，兩者儘早直接連結，而我前述的empathy，是針對治療師有多少能耐，同感個案在目前的受苦，投射至治療師的移情裡，除了直接深度的詮釋外，是否能夠有更多層次的一步一步處理，才是有empathy呢？是否除了治療師如鏡子般的理想外，前述過程才是真正的實務經驗呢？像是「暗示的銅」。不過仔細想想，如果加上「分析的金」作為基底，也時時關切著移情的展現，是否這才是實作的真實呢？

你說我先前重複提到，你抱怨母親就是在抱怨我？你覺得就算我說的是對的，但你就是不想承認，因為你覺得抱怨我，只是你故事裡的一部分，甚至是小的部分，但是當我重複那麼說，你覺得你就沒有餘地和餘力談別的了。這是有多少深度的迷惘呢？覺得我這麼說，對你很傷，因此你只能抱著傷口，自己療傷，我每說一次就把你的傷口再揭開一次。

我很仔細聽你的抱怨，心裡也突然警覺，你怎麼

有辦法說出這麼有意思的話呢？你的迷惘也是我的困惑，我無意反駁，更覺得不必要替自己多做解釋，雖然我也相信你此刻能這麼說，也許不意味著我先前所做所說的全是錯誤，或者就算有錯，也不致全盤皆錯。不過我還是想著，當時是否有其它更細緻的可能作法或說法。

值得注意溫尼科特所描述的情境，「如此，學生分析師有時會比他自己幾年後懂更多時做得更好。有了幾個病人以後，他開始厭煩自己走得和病人一樣慢，於是他開始做一些詮釋，不是基於某天由病人提供的材料，而是基於他自己累積的知識或他當時堅持的一組特定想法。這對病人而言是沒用的。分析師可能看起來很聰明，病人可能表達崇拜，但最後正確的詮釋是個創傷，而病人得要拒絕，因為這不是他的。他抱怨分析師試圖要催眠他，也就是說，分析師在招引一個嚴重的退行到依賴，把病人拉回和分析師的融合裡。」[17]（周仁宇 譯）

當我說，是由淺到深一層一層的處理時，本質上就是催眠式的暗示，只是焦點在移情和反移情，而不是在個案問題和早年史的方向。如果這是治療實情的一部分，意味著是不夠完美，雖有被污染如金銅合金，卻讓金的運用範圍更廣呢！但是如何不是變成以暗示為主，而避開了移情和反移情的觀察和處理？

---

[17] 取自Winnicott, D.W. (1960) The Theory of the Parent-Infant Relationship.

也許暗示的切香腸式處理移情的阻抗，是難免的實情，雖不是如同鏡子般一次看清楚，但實然是這般的暗示，並非是要提倡就是這麼做，而是細察過程，是否技術本質上很難完全避免暗示，但是當我們同時強調「分析的金」，強調移情和反移情的觀察和處理時，讓原本的催眠式的暗示，就產生了質變？

　　尤其是當我們想著，要由淺而深的詮釋，而不是過早直接的深度詮釋時，就意味著較有同感的過程？因此重點並不在於是否有無暗示的存在，而是在於如何同時也有「不執著」？對於「不執著」，精神分析如何訓練呢？這是迷也是謎，我常想著，需要把獅身人面獸Sphinx找回來，好好問它，還有什麼謎題？

後記

　　這篇文章的最初想法，是看見周仁宇醫師上課的講義後，覺得值得引用他所譯的Winnicott的某些想法來對話。這想法就放在心上有兩年，後來想到以empathy這個主題出發，當我們宣稱想要體會迷惘時，那是在做什麼呢？就這樣進行我和Winnicott的內心對話，而且有好的譯文也是重要的。感謝周仁宇在我定稿前，再度仔細增添譯文內容，讓本文的對話更加生動。

悲傷的阿莎布魯
老是忘記
心頭上的一顆石頭
是多年生的木本植物
灌溉三滴淚水
如同整個秋天的細雨
唆使嘆息聲
吹動埋伏在額頭裡的
十個年輪

伊底帕斯情結與餓鬼道
精神分析與文學或宗教對話的後設想像

　　當佛洛伊德宣稱要走進潛意識的領域時，他的確需要找尋其它領域裡，有趣且切中他想像的象徵，來替潛意識裡的某些現象命名，以便後續者可以追隨並跟上他的步伐，讓他引介自己所發現的東西時，不會因為辭窮而陷在說不出話，或說些別人無法完全了解的內容，使自己陷在孤單的困境。

　　他在父親過世後，失落和哀傷，於是開始自我分析，透過世紀之作《夢的解析》，成功地打響了精神分析的名號。開展出第一大步後，即使是說著自己的夢話或實質和夢有關的記事，他都需要再從其它領域裡，引進某些象徵和故事來服務他的心思。他的心思想要讓世人說出大家還不知道的故事，那些故事都是往事，而且是被打扮過的記憶；他需要尋找別人說過的故事，張貼在自己發現的故事上，但那只是文字或語言的象徵，不是原本的事物本身，這讓不斷地說話，成為精神分析取向的宿命。不過，不說話的時候，我們的心智發生了什麼變化呢？

「我要一直說，一直說，我要說到什麼時候，才說得完，才說得到自己想說的……？」

其實他這麼說時，我已經聽他說話一段時間了，他有悲慘的人生，父母離婚後，他在不同的親戚家裡輪流住，從一兩天到兩三個月。就這樣，他度過了三歲到六歲的時光，他說他完全沒有任何印象，後來母親才將他接去一起和姐姐同住（故事情節有修改）。他記得日子很悲慘，更悲慘的是，他只能重複使用「悲慘」兩字來形容那段日子。但是這兩個字卻使他更無助，他需要替那段日子想起什麼事，才會有助於他的探索嗎？

這是什麼樣的探索呢？他甚至說，他真的不知要說什麼。他覺得我不說話時，好像是在逼著他要一直說。我說，說話是很重要，現在很重要，以後也會很重要，但並不表示不能沈默想些事情，我的工作不是逼他說話，而是等他說話。

不過個案所說的，不知什麼時候才說得完，這個疑問不是容易回答的習題。在這時候更像是，他不知要說什麼或沒什麼要說。這個沒什麼，卻像是「陽具欽羨」的場景，等待著不曾擁有，卻期待是獨一無二的那根陽具。這跟等待「空無」是接近的，因為我們會習慣想像任何問題，都可能有著其它的內在動機或者內在困局，因此我們會再等待，再多聽一些訊息。

我們在等待的時候，除了我們的想像外，我們仍是期待著個案可以有話說，雖然我們會觀察和想像身體症狀和記憶課題。

　　他甚至表示，目前說的，不是自己想說的，但也不是這樣，只是覺得好像不是自己在說。他再更正，好像是自己的嘴巴在說，但不知是誰的心思？他再加問，還要一直說嗎？我回應，看來是說不完的，甚至會覺得一直說的不到位，不過在這裡是需要一直說。我突然想起，他在某次的會談時，坐下來的第一句是說，我的治療師告訴我，我的問題是伊底帕斯情結。當時，我應該是沒有理會他，因為根據經驗，伊底帕斯情結如果像他這樣子說出來，是意義不大的，因為他說這句話時，好像只是說著一句死掉的語言，是一片落葉掉在水面上，就要漂走了，那次之後他也未再多衍生他的體會。

　　回想當初，我大概是覺得不太愉快吧？想著他已經知道精神分析最核心的概念「伊底帕斯情結」，那何必再來這裡呢？不過，我的輕忽更像是，原本認為他和我工作許久後，會有不同的體會，但是他一見面就這麼說，我對著這句死掉般的結論，覺得他只是說著他還無法消化的話。畢竟，伊底帕斯情結是蘊涵著很有重量的悲劇，卻被他這麼輕鬆地說了出來，但他並沒有要從這個術語裡，得到什麼樣的簡單感受，好像他只是說了一句風涼話。也許這是指「伊底帕斯情

結」已經是風涼話的句號，再怎麼說也只是這樣子，沒什麼新鮮的可以說了，甚至已經是日常化的語言；他困在一句話裡，讓這個術語，活生生的死在我們眼前。而他依然努力要活下去的模樣。

他曾這麼說，好累，嗯，他覺得說不清楚，不是不清楚，是不知說這些做什麼，說了也等於沒說。

但是有說還是可能會不同啊！他告訴我，已經說了那麼多了，他有什麼不同嗎？他覺得還是都一樣。

我想著他說的「都一樣」是什麼意思？是什麼跟什麼一樣呢？或者他是想要重複說著一樣的自己，這樣子他才能維持著自己的模樣；一樣的模樣，可能意味著他需要藉著相同的故事來綁住自己，讓自己一樣。這使得他說自己說了很多話了，但仍是一樣，不必然是在抱怨沒有改變，而是在確定自己仍是自己，並沒有被自己的恐怖故事給解體了。

值得我們再來想一想，當佛洛伊德引進希臘神話的故事，這是和文學有關的劇本，文學原本就有它能維持或擴展的功能，但是文學需要承擔這麼大的社會或個人的痊癒功能嗎？顯然佛洛伊德以降的精神分析，已存在一百年以上，以它特有的形式關係和說話方式，建構出人類文明裡特有的一個環節，讓我們對心理困局的想像和處理有了新的出路，這呈現在目前

的精神分析取向專業裡。

　　雖然還有其它聲音，例如以戲劇為主的治療模式，或者精神分析取向者也想要從已有的有限理論，嘗試回饋文學和戲劇，於是我們宣稱是「精神分析的運用」，不過，精神分析取向專業職人仍得站穩，回到特有的架構設置和談話的型式裡，慢慢審慎的伸展手腳，而不是過於急切，反而踢翻了遠比精神分析存在久遠的文字藝術，或接下來我將觸及的宗教課題。或許不能說是踢翻，而是不必要被當作是精神分析式的闖進，造成無法對話的處境；雖然精神分析取向者，一直是在面對個案的負面移情下，仍持續著意志，嘗試尋求對話的可能性。

　　不論如何，精神分析的發展，是要在心理學市場上和現有一般所說的，具有「療癒」感受的各式存在裡，走出自己的路；我們眼前的是，在文學和宗教持續存在下，還是有個案群願意走進來診療室找我們，想以心理學的方式來處理他們的困局、空洞感、失根感或迷惘。

　　在精神分析經驗的知識寶庫裡，對於「伊底帕斯情結」的概念，何以會出現在這位個案的說法裡？我只是萃取出不少個案的共同情況，來呈現「伊底帕斯情結」的概念，在成為知識日常化的了解後，實際上對某些人的幫助是很有限的。雖然我們可以繼續沿用精神分析前輩的觀察，認為這是大眾對於精神分析的

阻抗，或者再次證明了，果然我們前輩說的沒錯，只知道精神分析的概念並不是有用的，需要到診療室才能真的體會精神分析的奧義。

不過，我想的是，如何不違和這些實質經驗，但也有其它的想像空間？例如，是否我們對人性的理解仍有限，不要急著在有限經驗裡，做出恆久的結論。我個人相信精神分析的重要知識，是起源於診療室裡的經驗，要讓精神分析長長久久，是需要盡力維持著精神分析取向診療室裡的工作。如果只認同了前述「大眾阻抗精神分析」的說法裡，呈現無力感、無助感和無望感，那麼我們更需要再引進其它學門，利用它們在人類文明史裡的長久經驗，對於人和人性的描繪，作為思索和觀察的參考點。至於技術上，仍得在精神分析特有的診療室經驗裡，審慎地一步一步去想和去做。

我們繼續探問，何以「伊底帕斯情結」的概念，會在個案的心中死掉，徒留下這個語詞在某個地方？除了以古典概念的「阻抗」來說明外，其實從目前跟邊緣型或自戀型者一起工作的心得來看，另涉及的是生命早年的失落創傷後，有著如比昂（Bion）所說的碎片的存在，以及其中蔓延的「無可命名的畏懼」（nameless terror）。也就是，當年的經驗，除了佛洛伊德在《記憶、重複與修通》這篇有關技術的論文裡提到的，真正的早年記憶不在故事裡而是在於行動

170

裡，結合佛洛伊德和比昂的概念來看，是在行動出現的，人和人之間的枝枝節節或片片斷斷裡。關於「人和人之間」，更精準的說法是，那些破碎的部分客體四處投射，而展現出來的行動裡，因為破碎而造成無法整合，各自為政，各自成長的破碎自己，帶來外顯行動上的阻抗現象。

所謂「部分客體」是指以人的某部分來代表人，例如乳房、陽具或其它的部分。在生命早年時，跟這些部分客體的互動，就是嬰孩的主要經驗，要經過一段成長，才得以讓這些破碎般的部分客體經驗，整合成「完整客體」。例如成人感覺到的一個人，如父親或母親等，這是伊底帕斯情結的經驗基礎，是有「完整客體」能力後的孩童經驗。

因此，在這些臨床經驗的基礎上，我們是不可能只想著，是否只要搬進來戲劇、文學和神話的技藝就可以，那是不足以幫得上忙，但這並非意味著，這些古老經驗是毫無作用，畢竟閱讀文學和欣賞戲劇的經驗，是人在有文字能力後的感受，這是有著高度智識化的經驗。但是前述的「部分客體」經驗，都是在語言發展能力還很薄弱的時候，也就是語言仍難以抵達碰觸的領域。

不過，戲劇和文學的存在久遠，它們的內涵和表現，對我們而言，是值得採用的描繪方式。這也是當初佛洛伊德引用這些古老經驗故事的緣由吧！至今這

些採用和藉用仍是需要的，甚至是需要意識和積極的尋覓。目前也有A.Ferro等人發展的精神分析「舞台理論」（field theory），這裡的field從原本的「場域理論」，到現在看來是更貼近舞台理論。他的論文裡，引進電影和戲劇等藝術，不只是理論也有技術上的參與。這些對於精神分析多元發展的影響，後續仍值得再觀察。

　　幾次的會談後，個案說了句「我完了」，就大哭約有五分鐘，突然停下來又說「我完了」，愈說愈小聲的重複……我說，嗯，看來「我完了」這三個字有很豐富的內容，不是三個字可以說清楚。或者，他覺得這三個字就完全說清楚心思了？他說，嗯，這是結論，生活到現在的結論。我說，看來先下結論，再來慢慢說這個結論裡的眉眉角角。他沈默，後來說他不知道我的意思，但未再追究。再經過幾次會談後，他說他知道我的意思了。我問是什麼？他說我前幾次說的，先說了結論，再說眉眉角角。沈默後，他說，就是這樣空空蕩蕩的，什麼都沒有，再沈默。後來他開始談，他父親很早就過世了，他母親一直很憂鬱。我問是指什麼？他說不知啦，是精神科醫師說的，幾個月前，媽媽終於願意去看精神科門診，以前也不知是什麼診斷，反正就覺得媽媽像個遊魂。我說像空空蕩蕩的人？他哭泣，然後邊說，也不是空空蕩蕩，是像

餓了很久的人，看到東西卻什麼都不要，他修正，是什麼都要，但都丟一旁，根本不知道媽媽要什麼？他說的是他和媽媽的關係，只覺得媽媽要從他這裡拿走很多。他說只是這種感覺，但不知是什麼，因為他只覺得自己無法做到讓媽媽可以滿意。

這種感受也出現在診療室裡——直到他如此描述媽媽時，我才驚覺，是啊，這也是我對他的感覺，只覺得他是一直要，一直要，但是不知他到底要什麼？只感受到他有著無止盡的失望，對診療室外的人事物，也包括對治療和我。但是他不斷的述說，讓治療得以持續下去，雖然我覺得幫不上忙，或者更像是幫不完的忙，不論是談論自己或他人，過去的故事或未來的心事。

佛洛伊德在《有止盡與無止盡的分析》裡所傳遞的「無止盡的心思」，可以說，就是請大家不斷地「說」，尤其是作為診療室裡的個案，而治療師也是以話語來回應。雖然我們也需要配備其它的能力，例如沈默的等待，或忍耐著無理無情的期待。也許這就是精神分析取向專業職人的宿命了。

當他談到媽媽難以滿意他的所有付出時，我想到的另一個象徵是佛教裡的「餓鬼道」。所謂「六道輪迴」，六道分別是地獄道、餓鬼道、畜生道、阿修羅道、人道、天道，前三者稱「三惡道」，後三者稱「三

善道」。我先來描述一下，它的形象之一是，這餓鬼肚子很大很大，需要吃很多東西才會飽足；它的脖子很細很長，嘴巴也有些大，但是嘴巴裡都是火，當東西放進嘴巴裡，幾乎都是被火燒光了。如果有未燒光的，也難以透過細長的脖子到肚子裡，因此它就是一直挨餓，一直處於需要很多東西，卻始終無法進到它所需要的地方。

也許有人會覺得這意象是在貶抑當事者，帶有歧視的意味，不過我想說的是，這是佛教描述人如果不好好修行，有可能會在轉世時，墮進這「餓鬼道」。在這裡我不是強調轉世論，而是覺得這個意象，頗像個案的媽媽，或者說，這意象是貼近他感受裡媽媽的形象。雖然他不曾如此意識化、具象化他的媽媽，而是處於某種無法讓媽媽滿意的狀態。無論他做了什麼、給了什麼，好像都不是媽媽要的，或者是她要的，但是很快就變得毫無價值。他甚至一點點被感謝的機會都沒有，媽媽就馬上變得再需要其它的，他永遠無法弄清楚，媽媽要什麼？

我不是建議要以「餓鬼道」的形象，來詮釋他媽媽的舉止，或者詮釋他對治療者也是這般。我想說明，如果回到我們在地的了解，這是可以引用的譬喻，當然也可以從藉用其它國度的故事，不過佛教在台灣算是發展得不錯，因此佛教的某些意象和說詞已是我們的日常用語，例如「放下」、「放下屠刀，立

174

地成佛」的說法。在診療室，我相信一整天裡，勢必會聽到很多次，不同個案在面對難解的困局時，總是以要自己放下，作為表達自己無法做到的遺憾。

我引述「餓鬼道」這個比喻，是想要提議，我們是需要觀察自己是以什麼潛在方式，來理解個案所述說的故事。從督導經驗來說，我發現受督者都有以在地或生活上熟悉的象徵和故事，作為了解的方式，來讓自己比較容易記得個案所說的內容，也就是，我們會被我們自己熟悉的故事再翻譯過，作為了解這種現象的基礎，因為實情上，我們不可能只依著目前已有的精神分析外來語來了解個案，就算我們已經可以充份掌握那外來語的意思。

不論是否有說出來，我們理解個案所說的故事，都是經過我們內在裡的詮釋過程，除了詮釋之外，我們也不能忽略在診療室裡的大部分時間，當個案說著他們的心事和想法時，我們是在聆聽，但只是聆聽嗎？我們沈默地聽，和其他人的聆聽，有什麼差別？以前我們大都是談論，我們對個案的說話，叫做「詮釋」，那麼在沈默的時候，我們到底做了什麼？我們的心智有什麼在運作，讓我們可以宣稱我們和其他人有所不同？或者，我們是在孕育著可以說話的詮釋？

這個孕育過程，有什麼心智和情感在運作呢？我們需要尋找更多的故事和象徵，來描繪這些沈默時的景色。畢竟我們大部分的時候，是處在沈默的狀態，

不是要忽略詮釋和持續不斷述說的重要性，但如同葛林（A. Green）在《死亡母親》裡的案例表示，當個案對分析師的移情，是如同死亡的母親時，分析師這時對負面移情的詮釋，無法讓個案心理上有所成長，而是需要其它主動的，或者可以說是「同理」的處置。葛林未再說明細節，不過這是反映著，在說話時，除了要說什麼或不說什麼，還有說話之外的內容，也是治療過程所需要的。

　　另外需要注意的是，當前述以「伊底帕斯情結」或「餓鬼道」作為象徵時，這並非Hanna Segal所說的「象徵等同」（symbolic equation），而只是一種比喻或翻譯。「象徵等同」是指把現在的某物比喻，等同於就是當年的某事物，而不是以象徵式的雷同方式來理解。因此使用「伊底帕斯情結」或「餓鬼道」來比喻個案潛在的某種心理現象，並不是就等同那個形象在原本故事脈絡裡的樣貌。

　　例如，常有人以「伊底帕斯情結」是要弒父戀母，因此如果要做自己、要獨立，就要做出「弒父」的舉動？這裡所說的「弒父」並不是身體上的殺害，而是象徵式的，不過這種說法就算是象徵式的舉動，在這個情結的意義上，仍是過於具象了。雖然是以伊底帕斯王的故事放進臨床現象，而有「伊底帕斯情結」的說法，但並不是把整個伊底帕斯王的故事都完全搬進來，只是擷取故事的片段做類比，來說明難以

被理解的潛意識內容。當把「伊底帕斯情結」的說法，變成「象徵等同」式的運用，好像要依照這麼做才是「做自己」，這跟原本引用故事來描繪潛意識的景象，是不相干的作法。

引進戲劇伊底帕斯王的故事或佛教的餓鬼道的意象，並不是搬來整個戲碼或宗教的所有儀式和教理，這不合實際，也不可能，對精神分析來說，是藉用它們的故事，來看見我們想要看見的潛意識。但是，故事仍只是故事，不是潛意識裡的「本尊」。對精神分析來說，是仍要保有我們的說話特色，不是要把戲劇搬進診療室，即使有精神分析裡的「舞台理論」（field theory）者的說法，或戲劇治療的型式，我引來餓鬼道的意象，也不是要搬來佛教的修行方式。精神分析自然是在自己的模式裡精進。

至於後續是否要以戲劇手法來處理某些情結，也許會有戲劇治療和精神分析的對話，或者與宗教的後續對話，但不是要以文學、戲劇或宗教來取代精神分析的談話和聆聽，更不是要以精神病理學的角度來看待文學。雖然餓鬼道有道德或價值判斷，這是需要更多的論述，不是橫的移植，就像不是把古代戲劇裡，伊底帕斯王的故事和作法完全搬過來。

對於古典的論述，如果我們只是基於保護已有的，而無法在面對臨床的某些情境，以新的象徵來了解失落的空洞感，裡面有著難以言語的意涵，就會如

同只是在空洞的牆上，添加一些古老精神分析的詩詞字畫，也許會有某些功能，如同戲劇的宣洩，但離精神分析取向診療室的痊癒，或分析的無止盡，可能仍有距離。我們早知精神分析的術語，可能進不了個案心思的大門，或者被當作只是貼在牆上的裝飾品，表示他曾到精神分析一遊而已。

此刻精神分析發展一百多年後，另有的宿命是，仍需要張開視野來尋找更多其它的象徵，來命名臨床的新發現，或者古老發現裡的細節脈絡。如同我們談論著一根大腿骨時，它的高低起伏、孔洞或某種凹痕，需要有個細緻名稱來標定它，讓我們更容易找到它，也知道環繞著它的血管或神經，在大腿上流浪時，仍有些規律可以被發現。

佛洛伊德的學生之一費倫齊（Ferenczi）提出「主動技術」，他看出佛洛伊德的不足，目前仍需要預設這種不足，才會讓我們不是滿足於目前已有的。但是如何不讓這種不滿足，變成是一種淹沒，或太急於成效而貿然引進其它不合宜的技術，這也是需要在意的。如果在態度上能夠有更廣闊的想法，這會更貼近分析的態度，並不是一直分析他人，就是分析的態度，而是包含了能夠慢下來、多想、交談，再多想、多談的過程。

就概念體系的建構，如同結構學派人類學家李維史陀，他建構的知識體系，運用了地層學、馬克思主

義、佛洛伊德和索緒爾的語言學，雖然他的論述至今有些內容仍是如謎般，但是他影響了福柯、拉岡和羅蘭巴特，所造成的風雲仍是餘緒中，這是我想像的「回到佛洛伊德」的方式，需要再有意識地引進其它語詞，來描繪臨床所見裡，覺得了解或不了解的經驗。

　　「餓鬼道」的概念會在我們的日常語言裡出現，但也許不是所有人都會喜歡用這個語詞，來描繪人生的經驗。由於和「臺灣精神分析學會」的幾位年輕朋友們合作，想以【薩所羅蘭】作為自媒體平台，接合一般大眾或其它專業學門，針對潛意識（無意識）的課題進行對話，讓精神分析能夠在日常生活裡有它的位置，作為一般人思考的某種方式，因此運用「餓鬼道」的概念作為起點，這是和【薩所羅蘭】的朋友們，在討論去花蓮慈濟醫院演講內容時確立的。
　　2020年9月11日我們接受花蓮慈濟醫院林喬祥主任的邀請，前去醫院「心理治療與諮商中心」主辦的講座[18]，雖然這場活動主講者只有陳瑞君、魏與晟和蔡榮裕三位，但在【薩所羅蘭】會前的討論過程裡，大家覺得以「餓鬼道」這個和佛教有關的概念，作為和精神分析的重要概念「伊底帕斯情結」相互對話，會是個有趣的課題。

18 2020年9月11日13:00至17:00在花蓮慈濟醫院3樓連通道靜心悅讀空間。

這場講座原題目是：「佛洛伊德為什麼紅不起來？潛意識在診療室和社會上遭遇的路障」，後來決定更改為：「伊底帕斯情結與餓鬼道：精神分析和文學或宗教對話的後設想像」。原文並未正式發表，但曾在「臺灣精神分析學會」內部活動，目前更名為「坐在診療室到站上講台的讀書會」，於2020年7月12日（日）晚上的學術講座裡宣讀和討論。以下是關於本文的補充。

〈附錄一〉是臺灣精神分析學會成員於研討會團體宣讀後的討論。討論過程裡衍生出來的說法，有助於想像這篇文章書寫時的背後動機。藉由討論過程的了解，也是驚奇的發現。

〈附錄二〉是文章宣讀後，魏與晟心理師的文字回饋。

〈附錄三〉是為了了解其他朋友的想法，因此在演講後，邀請許瑞琳醫師和劉玉文心理師的回應。

(2020年11月2日補記)

附錄一：

　　這篇文章隱含著一個要義，人如何受制於原本的潛在想像，例如一般來說，當我們要報告自己的某案例時，就會潛在依著要報告的對象，不自覺地修改自己要報告的方式和說詞，也就是會將自己原本的理解和語彙，不自覺地調整成假設對方可以理解的方式。這種情況是有著如佛洛伊德曾提過的，當我們有了夢，而想到要跟某人報告夢時，這瞬間就會不自覺地出現了第二次修正。（第一次修正是指形成夢的過程，『夢工作』所改造過的內容而成為『顯夢』。）

　　這種修正並不是蓄意的，卻呈現了一個很重要的現象；通常我們都會以在地的文化以及個人的私密經驗來理解個案，可以說成是廣義的「反移情」，或者我們通常就是這樣子在理解他人。這是強調，有著我們不自覺的語彙和意念，建構我們對某個案的看法，但這些潛在的看法，當要跟另一位客體報告時，又會自動地轉換語彙，希望讓對方可以聽得懂或接受。

　　我要強調的是，這些被轉換前的意念和語彙都是重要的材料，是有著在地文化經驗的素材。如果我們有機會看見更多原始的意念被書寫出來，那麼我們就有機會了解，不同文化圈對於精神分析語詞的解讀，何以會出現很大的差異。我甚至主張，不同文化圈對於精神分析的爭論或批評，常是來自於原本在地的語

彙和意念被不自覺地遮掩了，問題的源頭是，我們在讓自己適應精神分析語彙前，在地文化和私密的了解方式被忽略了。

我們都是以自己的文化和經驗來了解個案，但要報告時，會將那些經驗塞進精神分析的語詞裡，這就值得細看那些經驗是什麼？如果能夠有更多描繪，就有可能相互了解，大家是以什麼來理解和翻譯那些精神分析的語詞；甚至可能有更多的理解，不是在那些精神分析術語裡，而是在於那些術語之外，未被提出來檢視的經驗。

我是喜歡提到「回到佛洛伊德」，不是只回到他的文章而已，畢竟隨著後續者的經驗，是有不少概念的擴充，因此對我來說，「回到佛洛伊德」更是回到自己是如何以自己的經驗和概念，不自覺的看待個案，這需要且值得被意識化，並加以擴充自己的經驗基礎，那才是切身經驗，也是再出發的地方。

並非我們所想到的就一定是對的，不過相對於，如果我們過於假設現有的精神分析理論就足以了解人的心智，這就會造成精神分析進展的妨礙。因此我主張的「回到佛洛伊德」，是要回到他為了要探索和描繪潛意識的領域，而從其它學門引進概念來說明他的臨床發現。我相信這種方式在目前仍是需要的，當我們相信分析是無止盡，就愈需要更細緻地去描繪，重要的術語也需要更深細的分化，尋找更多象徵來幫助

我們的了解和想像。

我們是如何達成對他人的了解？如何在模仿的過程裡，參雜我們在地的文化經驗？這些經驗是值得被書寫，並留下來作為我們在地的資產；不是只覺得我們的理解是對或錯而已，我們不是只把自己的理解，硬塞進精神分析的術語架構，當塞不進去就加以忽略，好像那是不合時宜或者不符合精神分析的理解。但這種忽略不必然就表示它們不再影響我們。

另外，我們要達成精神分析領域裡的共識，是指什麼呢？或許是達成理解對方和自己的差異，並讓這些眾多差異的累積，成為我們在地的特色，這是更重要的事；並不是共識不重要，更重要的是累積這些差異是什麼，並且讓這些差異成為相互理解的素材。

在我們成為治療師，接受養成或認同的過程，我們是如何認識個案的內在心理世界呢？這種認識就是了解嗎？我們如何有意識地引用自己原本不自知的理解方式，來作為了解個案的基礎？畢竟我們如何建構對個案理解的體系，需要的是說出來或寫下來，那麼有了文字的存在，就可以作為對話的基礎。因此如果要說這篇短文另有目的，那就是想要提出一個想法：何以同樣的精神分析語詞，在不同國度之間，卻可能是有著無法溝通的差異，這是什麼因素呢？這些潛在的不同、衝突的起點是什麼呢？這篇文章是試著提出一些可能的解決方案。

附錄二：

【魏與晟】
對於餓鬼道的想像：實務工作中的三個層次

　　我試著進一步解釋或想像蔡醫師提到的Antonio
Ferro的「劇場理論」，以及「餓鬼道」在心理治療實
務中的樣貌。我分成三個層次，首先來看一下蔡醫師
描述餓鬼這個意象：

　　「餓鬼是肚子很大很大，需要吃很多東西才會飽
足；它的脖子很細很長，嘴巴是有些大，但是嘴巴裡
都是火，當東西放進嘴巴裡，幾乎都是被火燒光了。
如果有未燒光的，也難以透過細長的脖子到肚子裡，
因此它就是一直挨餓，一直處於需要很多東西，卻始
終無法進到它所需要的地方。」

　　我們想像個案「內在狀態」的層次，在這個層次
中，個案的狀態或是個案某個內在客體的狀態或經
驗，也許就是餓鬼的「苦」，透過這種描述，我們彷
彿比較能貼近個案的感受。當然苦也是有分層級的，
從廣泛的「憂鬱」到Bion提到的「無名恐懼」都是苦
的一環。所以在這個層次上，餓鬼道貼近於「憐憫
心」或「同情心」的感受，或是在精神分析技術上所
說的「神入」或是「鏡映詮釋」，以此來試圖跟個案
的苦溝通。

當我們試著告訴個案他的經驗，無論是用詮釋或是其他的方式，餓鬼道就會從個人內在痛苦提升到「移情」的層次，意思是，我們會在實務現場經驗到「進食困難」所帶來的困境。我們餵的東西，個案未必吃得進去，就算有吃進去，也可能被火燒到差不多了，這個「食物」可能是案主自身的情緒經驗，或一個好的詮釋、新的思想等等。這並不能化約成吃不進去就是阻抗之類的，也許我們只能先指出一個臨床實情，就是在跟個案工作時，種種的苦會上演，我們也很難一下子用「灌食」的方法找到答案，就像是我們沒辦法把伊底帕斯這塊12盎司的牛排，直接丟給嬰兒吃。在這裡案主的苦就會變成治療中兩人的「磨難」。

　　我們要怎麼渡過這個磨難？這裡有第三層的餓鬼道，也是一開始講的「戲劇理論」。當我們用有限的角度去思考個案的「進食困難」，譬如最經典的投射認同角度，就像是我們要把個案「吐」出來的東西「灌」回去，其實也陷入了「思考的餓鬼道」，我們自身也無法有新的營養進到這個治療中，這讓治療卡在僵局裡。有趣的是，Ferro除了用戲劇，他也很喜歡用「美食」來描述心理治療；他曾描述，當我們在臨床困境中找不到出路時，就好像在吃冷凍食品，因為有許多「酵素」，也許我們可以稱為α元素，還沒有被加溫而起化學反應。或是以演戲來說，還有好多演

185

員還沒進場演出，而每位演員都代表了一些情緒經驗與故事。或是更古典地回到佛洛伊德，他說「自由懸浮的注意力」，也許有太多來自潛意識的養分還沒有辦法被治療使用，還找不到連結，無法拼湊、無法發揮我們自身創意，而面臨到我所謂的「思考的」餓鬼道。

我試著用這三種層次的聯想，來擴充大家對於餓鬼道的想像。

2020.08.18

【許瑞琳】

「悲慘」、「我完了」，這些反覆的詞語就像地獄裡跳動的火，熊熊燃燒著，絕望感還在火上拚命添加柴油呢，讓火燒的更炙烈更刺眼，紅通通地，映在個案被痛苦扭曲的臉龐上，淚水和汗水合力交融出溽溽流水，在皺紋和坑洞中勉強擠出細小蜿蜒的水道，一滴又一滴，落在火上，這能滅火嗎？只是徒勞吧！委屈的淚和努力的汗只輪到蒸發成水蒸氣，這麼不爭氣的宿命。

個案還在說，我也還在聽，火燒到了我的腳邊，接著火舌會不會竄上我的身，一口將我吞滅？這不是他的地獄之火嗎？我卻也感到這麼熱，這麼害怕和絕望，「也許你感到很絕望，沒辦法對抗命運的安排。」話才說出口，個案瞪大眼睛看著我，閃過一抹希望的光，就像瞥見畫過天際的流星那般，好像可以允許自己許下一個小小的願望。他吞吞吐吐地說，「是啊！我心裡一直是這樣想的，為什麼人生這麼不公平，我連想和媽媽住在一起都得用全身的力氣來換，還不見得換得到，但我的朋友們都在嫌他們的媽媽愛碎念未免管太多了。」個案把對母親的渴求，縮得這麼細小，嘴巴又張得這麼大，彷彿只要把母親放進去一點點，流進他細長的脖子裡，就可以把他的肚子撐得飽脹，夠飽到，可以撐個三餐三天甚至三年，

但是當好不容易才盼到的母親，她的一句話、一個眼神、一個擁抱、一桌菜，不管是什麼放進個案那張大大的嘴裡，還來不及流下去，就被嘴巴冒出的火燒的煙灰殆盡，但肚子已經脹得大大的在等著呢，又是一場悲慘的空等，就這樣，嘴巴張的越大、脖子伸得越長、肚子脹的越大，「我變成了一個餓鬼」，個案難過地說著，斗大的淚珠止不住地落在火上，劈哩拍拉像是夏日午後的雷陣雨，轟隆震耳的雷聲，鋪天蓋地的黑雲，頓時崩解著歇斯底里的雨，火被這麼一澆居然小了些。

　　個案還在說，我也還在聽，個案能說出口的只有「悲慘」、「我完了」，一成不變重複的語言，像跳針的唱片般，剛好重複在那一小段聲嘶力竭的吶喊，一張偌大的唱片，只能重複像針這麼尖細的片段，在診療室外誰能聽他這樣重複地說，所以他總是在人群中流浪，對著不同的人說著同樣的話，而我是唯一一個願意坐下來，聽他說上幾萬遍的人，我總算讓他不必再流浪，我在重複的話裡尋求不同的意義，在迷魂陣中試圖辨別他心所指的方向，在一片黑霧中摸索他的情感和思緒，我碰到又硬又粗糙的表面，不知道他是為了埋葬枯萎的心、還是為了守護一絲游息的心，所裹上一層又一層痛苦的泥，乾掉的泥硬到粗到可以刮裂所有碰他的肌膚，他還喚來一隻噴火龍，全年無休地噴著相同形狀的火焰，嚇跑所有想接近他的人。

個案還在說，我也還在聽，悠悠地，噴火龍睡著了，緩緩地，他的淚水居然溶掉硬梆梆的泥，我的話讓黑霧漸漸散去，但迷魂陣好大，泥還有好幾層，於是，個案還在說，我也還在聽。

【蔡榮裕】回應許瑞琳

重複是件人生的重大謎題，那是如你文中所說的，「在一片黑霧中摸索他的情感和思緒」，只是呈現出來的模樣，是如此糾纏難解，變成了另一種盲目。或者有人會說，這就是某種情結，在糾葛的人生掛著情結的鎖鍊，四處重複著人生，讓我們覺得無力，也無助，甚至是無望。不過如果一片草地上，有著相同的花朵長成一片，如同重複的場景，我們卻覺得這真美啊！顯然這種重複，和我們坐在診療室正在經驗的重複，難以讓我們有著如同這花的景緻。那麼差別在那裡呢？何以不是如同花的景緻呢？

也許在我們眼前的人，有著期待，說得出來或說不出來的，甚至是自己也不知道的期待。我們再飛躍地想像，如果他的期待是，如同佛洛伊德在《夢的解析》裡提到的infantile wishes，那是雖有名稱的期待，卻是難以一言說盡的內容。那麼當一個人用相同的景象，要來說著那些難以說清楚的原始情緒和感受時，他可能覺得有說清楚了？或者他覺得無法說清楚？這自然會讓我們有不同的感受，他的重複是有著繁複性，而是否也有著他是在介紹那個故事給自己認識，

因為他困惑為什麼是自己遭遇那些事，為什麼是他承受那麼多災難和受苦？

這些疑問如同會引來結論「悲慘」、「我完了」的地獄之火，好像是他早就替自己的人生，寫下了最後的註記，要我們幫他背書？但何以需要我們背書呢？或者他真正期待的是，我們可以當那隻噴火龍，幫他守住古老的記憶，雖然他可能一直想要踢掉它們？或者也有著要噴火龍守住，那些他難以了解，難以命名的內在空洞，充滿著渴望的空洞？那是不能打開的世界，他覺得自己快守不住了，因此飢渴地要我們幫忙把風，雖然結果可能演成相反的，好像要把我們吞進去。

【許瑞琳】

個案知道「伊底帕斯情結」，他在書上看過，一位國王因為擔心弒父娶母的神諭成真，在兒子出生後要牧人殺掉兒子，牧人心生憐憫不忍殺害，反將這孩子送到鄰國，輾轉由鄰國國王撫養長大，這王子就是伊底帕斯，伊底帕斯長大後得知自己將弒父娶母，為避免神諭成真而離開長大的王國，卻在國界處失手打死了親生父親，因破解守在城門的人面獅身獸的謎題，被推舉成國王並娶了親生母親當王后，直到伊底帕斯王國飽受饑荒、瘟疫之苦，才發現神諭已成真的悲慘命運，王后羞愧自殺，伊底帕斯刺瞎雙眼流浪他鄉。

即便有好心的牧人、仁慈的鄰國國王、盡忠職守的人面獅身獸也逃不開的宿命，個案三歲以前對父親的印象只有恐懼，會從背脊涼上來、毛骨悚然、動也不敢動的那種恐懼，親戚常跟他說父親是這般地毒打他，尤其在父親酒醉時，那佈滿血絲的雙眼，呼著渾濁酒氣，手顫抖到都快拿不穩酒瓶了，父親還是要夾帶粗話咒罵個案是個不肖子，等他長大了就會看不起這個父親，就會想掐死這個父親，要趁現在打死個案以絕後患，個案身上常傷痕累累，皮帶抽的痕、煙蒂燙傷的疤、打破額頭縫合的傷、臉龐上手掌大的瘀青，直到有一天母親終於帶著他逃到阿姨家，把他放在阿姨家，說她必須要去賺錢養他，就頭也不回走了，那年他三歲。

　　他已經可以記得一些事，但更多是他大一點時大人告訴他的，重複的故事重複地說。

　　阿姨有一個和他年紀相仿的兒子，長得很可愛、皮膚白白的、常常笑，常常窩在阿姨的胸口上，個案常想媽媽，想著想著就哭了，哭糊的雙眼只看見阿姨在對表弟笑，個案有自己的一份點心、自己的一瓶養樂多，但就是沒有自己的媽媽，個案開始生氣，故意摔壞表弟的玩具、撕壞表弟的故事書，把表弟蓋好的積木一拳揮倒、搶走表弟正在玩的小汽車，表弟嚎啕大哭找他的媽媽告狀，個案又被打了，只是這次是阿姨，而且很快地阿姨送他到舅舅家，媽媽有出現一下

下，帶著一隻絨毛兔給他，說想媽媽時可以抱緊兔兔，然後，媽媽又頭也不回走了。

二阿姨、小舅舅、大阿姨、四阿姨……，個案在媽媽的八個兄弟姐妹間輪來輪去，舅舅阿姨都有小孩，他們都說個案的媽媽嫁得最不好，為什麼改嫁了還是嫁不好，原來媽媽在爸爸之前還有一任丈夫，也是會打媽媽，其實個案還有一個姊姊，當個案越大，可以記得東西越多，他卻越想忘記，偏偏大人的話塞滿他的小腦袋，怎樣也忘不掉，他不懂為什麼他跟大家不一樣，他們都有會對自己笑的爸爸媽媽，而他的爸爸會打他、他的媽媽不要他，他更常生氣了，很生氣很生氣，他更快地被帶到另一個阿姨的家，直到媽媽的兄弟姐妹再也沒有人願意讓他住，媽媽終於帶個案回家了，跟一個他從來沒看過的姊姊住在一起，那年他六歲，他再也沒有生氣過，生氣時他只會抱緊兔兔。

個案問我，父母離婚算是他殺掉父親嗎？和母親住在一起算是他娶了母親嗎？他不清楚他是不是真的有弒父的願望，他那麼小，三歲以前的事都記不得了，他只知道六歲以後他變很乖很乖，總是小心注意地照顧媽媽，總是努力地討媽媽歡心，他不想再流浪了，那阿姨舅舅們又是牧人還是鄰國國王呢？

他說伊底帕斯是我才對吧，我一再破解他這隻人面獅身獸出的謎題，他得趕緊再出謎題給我，免得我破城而入，他守著心裡的秘密這麼多年，從來沒人敢

192

接近他內心的噴火龍，又為什麼我不怕受傷呢？

【蔡榮裕】再回應許瑞琳

一般個案的確會有你這案例的「藝術創作能力」，將他知道的故事，加以扭曲倒置，或如同佛洛伊德談及的「夢工作」，取代和濃縮的機制，讓原始的「嬰孩般的期待」（infantile wishes）可以變型出千萬種夢，只要出現一個夢，就意味著它說不完自己的內心事，需要更多的夢來助陣，讓那些內心事變更複雜，更以難以說清楚，這是「顯夢」裡的多樣性，在對我們說的話。

但是我們也會想要簡化故事的複雜性，如同他在不同親戚家間的流浪，也許需要如刺瞎自己雙眼的伊底帕斯王，看見不屬於自己的世界，徒然增加受苦。他也希望自己是王，然而他看見的玩具，都是別人的，堂兄弟的，他沒有真正屬於自己的東西。

如果有屬於自己的，就是生氣、不滿，但是那時也不知那是什麼，唯有透過行動來表達，而這些行動可能至今依然主宰著他的行為和他人的關係。這些都是他如盲目般，視而不見的結果，畢竟當年年紀小，在不同親戚家，他是睜著大眼，紅著眼白，想要吞下別人的一切。他主張，那些都是他的，他自己是國王，至今他依然不曾真的放棄當國王，有著噴火龍，守著他不曾得到的東西，但都放在空洞裡，他不曾得到過，卻是充滿著空洞感......這是我另一種描寫你所說

的故事。

【劉玉文】

　　個案像是在透露著，我的童年、我的過往已經梳理過了，說這麼多次，到底還要說幾次！每每伴著這些紛紛擾擾的細語，在意識中的叨叨念念，我只能不斷向這些聲音做出回應，不論是藉由身體的症狀，還是不斷在每段關係的互動中或回憶中搜尋證據，然後對這些聲音點頭稱是。每句細語都是一個念頭，念念相生，連續綿延得好遠，回過頭，我已經不知道怎麼來到這裡，我在哪裡？我是誰？迷路實在太可怕了，就讓我歸結出一個原因、一個事件，讓我的世界化紛亂為單一，我才有氣力繼續存活。然而扁平壓縮的存活方式，又活得很突兀，在群體中還是覺得自己格格不入。內在死寂靜默，像是把一顆石子丟入深淵，看不見落至何處，也聽不到任何迴響；既對自己狀態的無能為力，也想打消治療師任一作為。雖說來治療不就是想要有積極的成分嗎？但那是表面上的以為，很多時候不經意的風涼話回應，就這麼自然對著治療師說著。看似不用出力，卻同時繼續壓縮著心內的聲音。

　　「為」與「不為」終究仍是對立的兩方。

　　當個案說「我要一直說，一直說，我要說到什麼時候，才說得完，才說得到自己想說的……」，讓我聯想到「我要一直吃，一直吃，我要吃到什麼時候，才

194

吃得完，才吃得到自己想吃的……」。這樣的字詞代換，想起曾經讀過的餓鬼道眾生故事：餓鬼道眾生長久無法進食，饑餓難耐，個個身形枯瘦如柴，眼球凹陷、頭髮散亂。有的餓鬼業報呈現出咽喉細如針，因此進食的速度非常緩慢，即使吃喝了一千年也無法飽足。仔細觀察或類比的話，餓鬼道似乎在你我生活中，顯化著相應的生命型態。在這裡我好奇的是餓鬼道像是生命型態的原型之一，如同希臘神話故事中的各路神祇、英雄及神秘奇幻的物種角色，傳遞出該時代的思想和對生命起源的視角，開啟我們對於宇宙的出現和本質更多的想像。透過在地文化流傳的信仰或神話故事的敘說與聯想，以及連結個人生命經驗時，常會有種人類共通的、更大的、更貼近你我生命底層欲望的「什麼」被觸及的感受，隱隱約約，又似懂非懂。

【蔡榮裕】回應劉玉文

當佛洛伊德從精神分析出發的時候，就引進了神話、文學、醫學與物理學等概念，來說明他想要開發的潛意識世界，我相信這是不得不做的動作，不然無法介紹潛意識這個新開發的領域，給其他人一起思索和探索。例如，「伊底帕斯王」的神話被引進來，於是精神分析出現了「伊底帕斯情結」，這變成了最經典且最重要的情結故事，不過它的重要性，是有著臨床上的意義，因為這個情結所指涉的內容，在臨床

上是具有相當特殊的位置。然而，隨著精神分析者基於臨床的需要，帶來了視野上的調整，讓個案在「伊底帕斯情結」之前到底發生了什麼事，變得愈來愈令人好奇。

既然「伊底帕斯情結」的命名是來自於神話，使得神話的用途因此具有相當份量的地位，這個現象自然值得來思索，我們在地的神話傳說，是否也有著可以用來說明臨床出現的情況？

這是我引用「餓鬼道」，嘗試說明某種臨床現象的理由。不過這只是一種嘗試而已，我的經驗發現，人性裡是有著這種現象，如同你在回應裡再進一步的藉由描繪，讓我原本的故事更加生動活潑，至於「餓鬼道」的比喻，是否能夠被大部分的精神分析取向者接受，仍是需要時間的考驗。就目前的臨床經驗來說，我是覺得「餓鬼道」的比喻，會是個很好的象徵，可以用來說明早年經歷失落創傷者所衍生的問題。

但是有人會把這說成是「貪得無厭」的代替語，一如目前常用的以「自戀」來批評他人，而不再只是原本描繪的人的內心世界的一部分；一般人並且容易以「精神病理學」的角度來想像這些象徵，忽略了其中的「精神心理學」的可能意涵。所謂「精神心理學」是指，那是人的「正常」心理發展的一部分，是任何人的一部分心理，但是人是總體和著其它心理一

起運作，只是某個現象特別突顯出來說明，不必然要把這些象徵比喻當作是精神病理學，而忽略了其中的「生機」。

【劉玉文】

餓鬼們經常東奔西跑，不時會嘔吐痰、鼻涕、屎尿、膿血等穢物，渾身惡臭，但他們卻活得很久，有的達數千萬年。每一天都有無數的眾生在地獄中煎熬，飢腸轆轆。

如同暴食症患者歷經的痛苦，患者經常在無法控制的瘋狂大吃，情緒性進食的情況下，不是生理上覺得餓，而是心裡覺得吃不飽。那樣的急切，嘴饞想吃，停不下來，胃變成巨大的囊袋，又像是肚子裡有個無底洞。但每每在狂吃狂喝之後感到後悔，又因為怕胖而以更激烈的手段催吐，吃瀉藥，像要把體內的牛鬼蛇神挖出來似的，讓一堆穢物能遠離自己，讓吃下的食物無法提供熱量。嘔吐的生理反應變得可以被操控，在每一個「下一次」到來時，貪求愈來愈多，吞下更多的食物，但滿足程度卻愈來愈低。很多時候想躲起來吃，不喜歡和別人共餐，不想被別人看到自己吃東西的樣子，覺得難堪。生活在吃與不吃中掙扎著，在壓抑欲望和欲念狂洩中輪轉。

不夠，怎麼樣都不夠！

不只是描述物質、衣食、錢財方面的匱乏現象，也對應內心的匱乏和飢餓狀態。不知道從什麼時候開

始，可能比自己意識到的年紀更小，我們開始覺得不夠，覺得匱乏，認為自己不夠好，想要隱藏自己覺得羞愧的部分，漸漸地，異化出不同的人格來因應或對抗。

人們欲望的無底洞到底通向何方呢？雖然深不可測，但沿路貼著前進又會是什麼風景？如果能將路過的景象描繪出來，或許有那麼一段是在一片貪得無厭的汪洋中，獨自乘坐在罪惡感上，無限期地載浮載沉著，天空沒日沒夜的落下羞愧火辣辣的雨滴，如針扎的痛楚，無處可躲，猶如進入餓鬼道般的異次元，被火山岩漿一樣滾燙的液體淋燒。

【蔡榮裕】再回應劉玉文

就臨床現象來說，的確是可以看見不少個案受著苦，只是這是什麼樣的苦，如何稱呼那是什麼以及它的性質是什麼？起源是什麼？都有著很多的可能性，需要在治療過程裡慢慢爬梳，才能理解它。我以「餓鬼道」的比喻，描繪這種苦的某種樣貌，也許仍不足以說清楚人生的苦是什麼，不過，至少是一種嘗試。

感謝玉文針對這個意象，做更進一步的想像和描述。希望讀者不要以為我們的文字是在批評大家所蒙受的苦，畢竟是需要清晰的描繪，才有機會讓我們進一步想像和推論它的可能成因，以及在臨床過程後續處理的方式。不過，任何意象作為象徵，總有它的侷限性，因此對我們來說，就是在這種侷限性下，一步

一步的累積我們對於個案的了解。

　　我們不是假設某個特定的意象和象徵，就足以完全說明個案的問題和受苦，這個情況也發生在，最常被用來認識個案的「伊底帕斯情結」，並非它就是讓我們可以全盤了解個案或人性困局的比喻。「餓鬼道」的比喻也是如此，這是在精神分析的西方傳統下，不曾有的想像和描繪，希望我們以這個意象來說明某些心智情況，可以有助於我們擴展臨床的視野和想像，並且嘗試以我們在地的文化意象作為基礎。

悲傷的阿莎布魯
早就知道
就算孤獨
也需要別人
沒有事情是一個人做得來的
如果覺得可以
那可能是天大的誤會

如果阻抗、防衛和移情，
是埋在地下古堡群的迷惘
── 兼談精神分析取向心理治療技術課題

　　她發現自己生活在古蹟裡，一座古老的城堡，有些建物已頹倒，有些仍堅固，如同她死守的某些應對事情的方式。

　　個案的「迷惘」會以什麼方式來呈現呢？我們容易捕捉到它嗎？它會隱身在層層的防衛裡，或者躲在古堡城牆的夾層裡？

　　我是要藉由古堡再活化的課題，來想像精神分析取向心理治療的過程，處理阻抗、防衛或移情時的思考方向。

　　除了以古堡的保存來想像外，以羅浮宮為例，如果它的每間展覽室，是個案的不同故事的呈現，後來在廣場加上金字塔這個現代作品，起初有不少阻抗，被認為是破壞了原本的美感；這是一個藝術創造，能不能被接受的過程。如同精神分析取向處理阻抗和移情，上述事例是個很好的比喻。假設個案長年精心打

造起來的防衛或阻抗，都是他們的成就，而我們只是一昧想要他們走出來，但是，他們可以走出來後，再回去古老的地方休息一下嗎？這是同感的重要基礎，或者，難道一定要打破這些古蹟才算是往前走嗎？

　　每個防衛或阻抗，就像是羅浮宮裡，充滿了個案的故事展覽，而且每個故事都被精心的佈展，需要堅固且安全的環境來保護這些展覽品。畢竟羅浮宮這個藝術尖端的古蹟，也同時具有展覽的功能，它再創新地以貝聿銘的金字塔，讓現在和歷史之間產生衝擊般的美感。

　　我假設每個人都會有自己的想法和作法，我是以這些想法作為背景，也許更接近中立或分析的態度，但或許也有所不同，例如創新或創意的態度要多被強調呢？因此需要再回到臨床去觀察和思索，這些同或異是什麼。

　　我們需要回到最原初的假設，來想像和建構眼前所見的現象。人如果沒有防衛，是不可能活著並且活下去的，一如需要皮膚來保護，但是時過境遷後，重複使用相同的防衛，就被歸納成是造成問題的來源。這是簡化式的說法，在實情上，「防衛」是像固態的東西，或是屬性上是液態呢？由於有了目前的定義，常讓我們誤解那是清晰的，誤以為指出來就可以看清楚，進而有洞識。其實還需要有更多的認識和挖掘，在目前這仍是有很多不足的。

我想到的比喻是，如果以防衛機制的現象，來對比一個家需要有牆壁，來區隔內外以及隔出不同房間，我們說那是隱私權的象徵，會被當作是重要的結構，我們會去挑選最好的材質。那麼我們面臨問題時，如何處理這些牆壁呢？只是拆或不拆嗎？或者去了解它的材質是什麼，裡頭隱含了什麼古老的心理素材，以及建造的特殊技藝？

如果再以古蹟或古堡來對比，我們所想像和建構心理防衛機制的性質時，這些被當事者從小辛苦建立起來，讓他們活著並活下去的防衛，雖然到目前，是出現了一些問題，但它們已經是古蹟或古堡，我們要如何處理這些防衛呢？也許保存古蹟和古蹟活化的各式爭議，也值得拿來思索人的心理防衛機制，讓我們有更多的想像空間。尤其在面對迷惘，這種難以明確聚焦的感受，它到底是什麼呢？

首先從一些現象出發，再來細論，並提出一個模式作為想像的基礎。

佛洛伊德從診療室的實作經驗，觀察到個案對於「想要改變」這件事，並不是如意識上的期待，反而常常出現一些反方向的作用力，這被統稱為「阻抗」。而精神分析取向者有了這個名詞作為武器，稍有臨床經驗者要看出個案有哪些阻抗，並不是很困難，但是臨床經驗也顯示，如果專業職人指出個案有阻抗，包括說出「阻抗」這兩個字，通常帶來的是更

大的反彈，個案甚至會覺得治療師在批評他們，沒有看見他們很努力要改變。這涉及了技術的課題。

另外，在臨床也常見的是，個案對於自己的故事和問題，常會就某些內容不斷的複述，他們是不自覺如此，因此每次好像都是在講一件新的事，而治療師卻覺得，個案怎麼又來了，只是不斷地重複自己的問題或悲傷。這種重複到底是固體式的重複，或者如同氣體般的迷惘呢？何以個案每次都會走在如謎題般打造的迷宮裡？

有時候，治療師會想要指出這些現象的可能意義，例如依精神分析的詮釋技藝，對個案說，他說的某些問題和情緒的背後，有著對治療師的不滿意和生氣。

這是常見的，技術專業職人的說法是「對個案的移情做出詮釋」，這可以說是標準技術的一環，對個案所說的表面故事，找出背後的潛在動機，並把那些連結說出來。不過治療師執行這項詮釋技術時，所面臨的情境，常是個案採取直接否認，或者不理會的忽視，甚至也有反彈者，覺得被治療師誤解了，認為治療師不了解他們。

個案的不同反應比前述還要更多些，不論如何，如果個案未依治療師的詮釋而有所回應，尤其是回應的內容無法呈現更多的思考，甚至在行為上也無法有所改變時，治療師也許會抱持「這些期待並不是容易

的事」的觀感。治療師往往需要經過漫長的訓練，才能在執行詮釋後還能夠稍為做到，不抱持「個案一定會聽進去詮釋，甚至因此改變行為」的心態。

甚至治療師可能會覺得個案硬綁綁的，根本就不想改變，不論治療師說什麼，個案總是以相同的故事和悲傷來回應，或者以迷惘的態度讓悲傷鋪上一層薄霧，好像這些故事和悲傷是他們的洞穴，或者以外國人的比喻來說，像座城堡般，個案就躲在城堡裡，不願意打開城門歡迎治療師，也不願意快樂地享用治療師善意的想法。

阻抗的多種說法

「阻抗」的說法有很多種，包括害怕自由或者害怕改變，如果說是不想改變，也許引起的反應又有不同，例如個案雖然來到了診療室，但是對於要真的改變卻是會迴避，由於這些都是潛意識的現象，並不是個案自覺如此，但也因是潛意識的說法，而讓情況變得有些複雜；這種說法很容易被聽者理解成，是他們故意不想改變，他們會覺得被誤解而委屈。

雖然已經強調說那些反應都是潛意識的，個案何以仍會覺得，是被批評或是故意的？這種故意自然是指意識上的故意，個案可能也知道，精神分析有潛意識的概念，平常他或許也會脫口而說，潛意識如何如何之類的話語，如同那是一種生活的常識般。但這不

保證他自己的問題，被指出有潛意識的阻抗時，他就
會知道是怎麼回事，或者會欣然接受。

臨床上說出，「你有阻抗」或「你無法改變是因
為你不想真的改變」，這是對於「阻抗」的不同說
詞，但這些話語常常不是帶來可以再思考的材料，而
是引起個案更大的反彈，將原本對家人朋友的不滿情
緒，輸入到治療師這邊。甚至有某種錯覺，好像變成
個案的問題無法解決，是因為治療師的不了解，或者
給了他錯誤的方向。

這是很常見的現象，佛洛伊德很早就發現，個案
起初為了自己的問題而來，但不久就變成，好像更在
意佛洛伊德如何看待他們，在意佛洛伊德是否在意他
們。佛洛伊德說，這是一種移情。

佛洛伊德在《朵拉》案例裡就承認，朵拉案例的
分析失敗，是由於他忽略了朵拉對他的移情。那麼阻
抗和移情的關係是什麼呢？看來兩者都會為治療帶來
困局或失敗。後來照佛洛伊德的說法，「移情」就是
「阻抗」裡最大的比例成份，這是什麼意思呢？

如果阻抗有它的內容，那麼它的內容裡有很大的
比例，是被移情給佔有，因此臨床上也常有這種說
法，「處理移情，才是精神分析的重要技術」。因為
直接說出個案有阻抗，這句話是很難有作用，因此需
要再把阻抗的說法細緻化，當移情是佔有阻抗的大部
分時，意味著臨床技術的焦點，是轉向觀察移情和處

理移情。

　　一般來說，所謂處理移情，會被說成是以詮釋的方式，來指出個案所談的故事背後，有對治療師的某些移情，但不是直接說出「移情」這字眼，而是說個案剛剛說的故事裡，有反映著對治療師的某些情緒、情感或想法。

　　進一步來談技術的說法裡，是否隱含著更多可能性？

　　先依循現有的論點來說，既然移情的觀察和處理，被當成是精神分析的重要核心技藝，也可以說精神分析的大部分文獻，都是圍繞著這個主題在旋轉，華麗的旋轉舞步，讓精神分析的文字豐富起來，成為文明裡不可或缺的重要組成，但也有可能讓大眾對精神分析充滿了憎惡感。

　　在眾多的說法裡，大致是圍繞著「移情」有兩種，正向移情和負向移情，本質上如果只以正負兩種觀點作為世界觀，大家會覺得太狹隘了，就像世界不會只有好人或壞人，這是普遍知情的事，不過有趣的是，就算知道如此，一般看世界的方式仍是傾向以兩極化的二分法，作為了解複雜性的方式，而且是重要的方式。

　　某些個案，例如邊緣型人格，對他們來說，二分法甚至是最重要的看世界、看自己和看他人的方式。不過佛洛伊德的重要理論，也可以說就是在二分法的

比對裡，累積起來的論述，例如生死本能的二分。

　　臨床上，以正向移情和負向移情，來觀察臨床現象，也是難以避免的方式。因此有些說法成為約定成俗般，流傳在專業職人之間，例如正向移情只要觀察注意它就好，不要去詮釋它，因為那就見光死，會讓原本是治療過程的重要推動力，因此而渙散。

　　例如，治療師對個案說，你剛剛說，討好母親，讓你得到不少好處，你是在說你是在討好我，也期待我給你好處。這句話不是標準語句，但是可以傳達對正向移情做詮釋的況味。這種說法不是絕對不能說出口，而是治療師如果太早說，常見的是讓個案挫折，而且可能是很深刻入骨的挫折，但可能以飄浮般的迷惘來呈現，好像某種不著邊際的處境，反而讓分析治療難以持續，雖然，有些個案仍是會帶傷前行。

　　至於對負向移情的詮釋，共識度是高了很多。假設要讓負向移情所產生的破壞力解除掉，然後讓分析治療得以持續，例如，當個案在談論某些事時，治療師覺得個案可能是在表達，他對於治療師的不滿，在這個方向上，以克萊因的論點和作法的影響力最深遠，但也遭受到不少激烈的批評。這是怎麼回事呢？就只是說出某些表象故事背後，潛藏著對治療師的敵意，這是常情，何以會遭來一些精神分析師的批判和攻擊呢？例如，葛林就強烈抨擊克萊因的技術，雖然克萊因的學生們，如比昂和溫尼科特已經有些修改。

依照佛洛伊德的說法，自戀的個案由於能量只投注在自己，因此無法產生移情，就無法以精神分析的方式來治療。對於精神分析取向來說，透過移情裡所流露的生命早年的記憶，是行動式的記憶，且更貼近生命早年的經驗，而不是語言式以故事記得的方式。但如果個案所有的能量都只投注在自己身上，理論上是無法產生移情，也就無法觀察和分析這些行動裡所流露的早年記憶。

　　以臨床實作來說，自戀型的個案是很難來到一般診療室尋求幫助，除非在機構裡進行例行性的會談，才有機會真的觸及佛洛伊德所指的這種情況，甚至這種情況在實作裡，也是幾乎不存在。除非是很重度自閉傾向的個案，不然就算是有幻聽和妄想的個案，仍有他們對於周遭客體的反應，而即使有某種自戀的傾向，也並非完全不會在意客體的存在，這是臨床上大致的經驗。

　　佛洛伊德指出的這種完全自戀，將所有能量都回收到自己身上的個案，會是什麼樣子？意味著他們是完全不會和他人溝通，也不會有和他人溝通的動機，那麼他們會自己吃飯，自己照顧自己嗎？也許會，這就像一般人想像的，有著某些原始動物的本性，但動物也大都有它們的群性，也就是有客體相處的經驗，以最少天敵並能夠最不在意其它客體的獅子和老虎來說，它們可以過著完全本能式的生活，肚子不餓時，

就悠閒走著森林之王的步伐，肚子餓時，客體就是它要進食的東西，吃飽了，繼續走著森林之王的步伐。

我們不能說世上沒有類似的人，只是能夠走出門，不論搭公車、捷運或走路，總會遇到別人所設下的限制，例如，紅燈要停下來，倘若都不理會，可以闖多少次而不會出事呢？所以能夠走進來診療室的個案，我們可以說是不至於是如佛洛伊德所描述的那種狀況，就算有部分自戀的成份，但也同時會有著移情存在。也許如比昂所描述的，人格裡的精神病和非精神病同時存在，才是更接近臨床個案的實情。

兩種原則背後的生死本能

在上述基礎上，我們再進一步細想，當克萊因和Rosenfeld提出的，死亡本能、破壞本能，以及有破壞的自戀的存在，意味著這種自戀的破壞力，是源於死亡本能，這是精神分析術語所建構的心理地圖的一個角落。我們試著從日常語言來想像，這可能代表著什麼情況呢？是什麼情境下，我們會說個案所呈現的破壞，是一般的破壞，是有足夠現實理由的破壞？由於這種破壞所呈現的樣貌也會相當多元，那麼，我們會在什麼情況下，判斷個案的破壞是一種本能式的破壞，也就是死亡本能發揮作用而呈現的破壞？

是否這種本能式的破壞，會特別明顯、特別嚴重，或者只以很隱微的方式呈現，非得仔細留心才會

發現它的存在？就像大草原裡的一株小草，隱隱發揮著它的破壞力，是如此嗎？或者是指我們所見到的破壞，也許起初不明顯，只要假以時日，就可以發現竟然出現相當嚴重的殺傷力？

如果回到佛洛伊德，以能量趨於零作為死亡本能的走向，在這個主要的設定下，過程是否嚴重、是否明顯，也許不必然能夠區分出，是一般合乎現實的破壞，或是夾著死亡本能的破壞。回到臨床實作的過程，這的確是一個很難指明的情境，除非走到了原來的能量一直在減少，而非現實原則裡，能量不滅只是在不同症狀之間挪移變化。

再進一步推衍，我們如何想像所謂「破壞的自戀」，是起源於死亡本能的說法呢？「自戀」是指將散置在外的能量，統統收回來放在自己身上，而所謂「破壞的自戀」是指在能量收回來後，只是為了讓這些能量逐漸地散去，逐漸地趨於零。就像一朵花在開完後，就自然地凋萎，那麼這種自戀，起初將能量都收回自身的目的是什麼呢？不是為了讓自己活下去，並傳承下去嗎？

我們需要將「自戀」再定義為「它是為了傳承自己，同時也破壞自己」的詞彙？這是「自戀」不幸地被死亡本能沾染後，才變成如此？或者較貼近真實的是，收回來的能量有生的本能和死亡本能，只是當事者特有體質和後天心理，讓生的本能幾乎是零，而同

213

時間，死亡本能的能量逐漸趨於零而凋零？

如果死亡本能不是破壞生的本能，而是兩股各自的勢力，各依著自己的力量運作而達成平衡，若要達成最後的凋零，意味著不只是死亡本能最後趨於零，而是生之本能也不見了；或者生之本能不是一直處於能量不滅的原則裡，也是會逐漸凋零，只是速度和方式，和死亡本能有所不同，最後的破壞和死亡，就是生死本能最後都是零能量的結果？

這是從術語描繪的情況，做一些臨床實作的推想，我們更要問自己的是，這些說明和理論是有用的詮釋嗎？向個案指出這些現象，會是有用的技術嗎？我相信不是那麼容易就會有作用，如果有作用，也許是個案聽到了其它的言外之意，那也是我們所不知的。我們作為專業職人仍得努力地想像，在這些難題和困局裡，是否有其它的出路？

不過，至少我們需要依著臨床實作的實情而有所想像，不能只依著意識上對於人性的美好期待，來臆測眼前的個案。

正向地詮釋負向移情？

以外國人熟悉的城堡區作比喻，有完整保存並仍可以住人的所在，也有已成為廢墟者；人在發展的過程，有些防衛是持續被完整運用，而有些只是破碎零星的使用。這個意象，對於我們來說，也許是有些陌

生，畢竟台灣沒有古蹟般的城堡，但是城堡作為居住和防衛的用途是被熟知的，這也是任何人的家或住屋提供的兩種重要功能。

我引用城堡，尤其是古老的城堡，這個意象就是針對它古老，甚至有些是廢墟了，以此來比喻，人都是從小長大，為了活著並活下去，不可能不遇到不如意或是創傷，因此會建構起防衛。這些日積月累的防衛類似城堡般，經過時間的轉移，有些廢墟化、有些仍是堅固如當年，但多了青苔在陰暗的地方。如同城堡般的防衛，因著創傷程度而有不同面貌，我們需要用不同的方式來看，才能看得出來它的端倪。

一般提到「防衛」時，常是以拿掉「防衛」作為目標，以為那才是真正的自由。但是以佛洛伊德描繪的內心世界來說，「自我」不是自己家裡的主人，而是奴僕，它要侍候「外在環境」以及內在的「超我」和「原我」的要求，這是不可能沒有防衛的。期待沒有防衛，就像是假設這個世界不會有人想欺侮別人，因而完全不需要任何防衛。這是過於理想化，不合乎人情現實的期待！或有人會質疑，好吧，就算人都需要防衛，如同建構城牆或城堡，但是有些已經老舊，甚至變成目前的妨礙，是否拿掉就好了？也許，但也不全然。

例如，台灣也曾出現，為了避開一棵如神般的老樹，讓道路變得不是直行的情況。也就是這些古老的

東西，會有其它的觀點來看待，這也是我刻意引用古老城堡來比喻的理由。這個概念不是我最先想到的，但是我想要把它加以深化，並加進古蹟保存的概念，來思索臨床處理的技藝。

治療師面對個案防衛的態度，是想要提供一種觀察和經驗，如果我們把防衛當作古堡，不是只以直接的拆除作為唯一想像的空間，而是把個案的古老防衛如同對待古堡般，有著是否需要保存及如何保存的想像，並且思考如何讓整修好的古堡永續經營存在。或許有人會質疑，怎可能要讓防衛永續呢？

如果那防衛本身，替自身帶來無止盡的破壞，自然得思考如何處理的問題，但這是預設人的防衛是無法避免，甚至是必然且必要的。問題是，如果一心一意要把防衛破壞掉，那麼個案如何在缺乏防衛下，仍能自由的過日子呢？這是值得再細思的策略，一如一個國家缺乏國防要如何走下去呢？

技術的課題不會只是做什麼或不做什麼

技術的課題不會只是做什麼或不做什麼的技術指導，它有潛在深厚的基礎作為立足點，並可以想像未來的大致方向。以西方的城堡群作為象徵，是想要呈現，當治療師宣稱要做移情的詮釋，尤其是針對負面移情做詮釋時，葛林卻是以激烈的態度，在《死亡母親》一文裡論述某些個案在某些處境下，他們需要的

不是詮釋而是同感。不過在葛林的文章裡，什麼是同感，仍是有很大的想像空間。本文則是嘗試探索這些技術爭議在處理過程中，仍會有的臨床難題，也就是，如何判斷那些臨床細節？稍有經驗的治療師都知道，那是相當困難的時刻，甚至可以說，大部分的時候，我們是如佛洛伊德的後設心理學所說的，只能猜測！強調「猜測」雖是實情，但可能帶來的是個案的不安和關係的困局。當然也不是只有猜測，我們在過程裡重複的觀察，也可能累積了一些初步的了解。這不是全有或全無，而是不了解和有所了解，兩者是交互的、不排斥的並存著。

本文以城堡群廢墟的比喻，把古蹟保存的概念納進來，作為我們臨床工作的一種想像。專業職人面對個案的阻抗時，習慣上會藉由詮釋來破除阻抗，讓個案能夠更自由說話，但在實作時，卻常遭遇到更大的抗拒，這時也許可以依循這個工作邏輯，再進一步假設個案還是有阻抗，然後告訴自己要再等待，並主張這只是時間的問題。在此我提出城堡廢墟群的圖像作為補充的想法，畢竟我們總會面臨一個疑問，所謂「等待時間」是指什麼呢？在迷惘裡，「等待」又是什麼？我建議需要有更主動的想像，作為「等待時間」的過程背景，讓這個背景可以醞釀，當再度有機會詮釋時，說話的態度會有所不同。

個案的阻抗或防衛，是不同程度破損的城堡，有

些留下牆壁，有些則是如銅牆鐵壁般難以撼動，就像是一座仍被保存完整的古堡。他們為了生存和活下去，避居在古堡裡，治療師很難藉由詮釋或者直接指陳出個案潛在的動機，因此個案無法進一步思考而有所調整改變。

無論如何做，我主張都需要有個背後的想法，作為詮釋或其它行動的基礎。試著想像，我們面對防衛群，和個案一起身處在古堡裡，或者某城堡群的不同建物裡，如果這座古堡是值得保留的古蹟，那麼我們會以何種方式和態度，來面對這些古蹟呢？個案所呈現的防衛和阻抗，本質上都是古蹟的殘留物了，也許有人覺得個案的阻抗，是該鏟除的東西，不然只會妨礙個案的發展。

也可以從另一角度來看，就算這些古蹟可能妨礙了某些發展，但是如果以保存古蹟的態度，來面對阻抗和防衛時，我相信我們在面對個案的某些重複、難以接近、難以被思考的內容時，個案是會感受到不同的情感。畢竟面對這些如同古堡的阻抗時，治療師是要觀察如何保存，並且有新的使用方式，讓它得以永續，以這種方式來想像阻抗現象時，會有不同的思維和作法。

一般來說，我們傾向認為阻抗需要被破解，才能有更大的自由，如果以古堡圖像來想像，保留古蹟可說是當代受歡迎的想法，還可以繼續想像如何有新的

用途，讓古堡得以永續。但是「阻抗」也是這樣子嗎？這需要回到一個很基本的命題：人有可能沒有阻抗和防衛嗎？精神分析的技藝真的有這種強烈的企圖嗎？如果有，這是能夠達成的目標嗎？

如果處理阻抗、防衛和移情的真正目的，是要個案能夠更自由地詮釋自己的過去、現在和未來，那麼一定要把古堡拆除嗎？何以目前的潮流是傾向，要保留古蹟呢？這個逐漸普遍的概念蘊藏著豐富的可能性，而且是以更自由的方式，不必然要拆除所有古堡，而是保存並思索著如何依著它的特色，加以活化而有新的功能和用途。

也許還有更多其它的，關於古蹟保存的細緻想法，可以作為再細思阻抗的臨床現象和意義的參考，這些態度和精神分析自佛洛伊德以來，對於症狀和移情的態度是有些一致的，並不是以袪除症狀和移情作為最優先的技藝，而是抱持著觀察和假設，作為處理的基本態度。本文所提及的，以古堡保存的態度和思辨作為基礎，是類似的態度，只是在這裡是引進古蹟保存的概念和作法，來面對個案的問題裡，所存在的古老習題和應對態度。

象徵的引進，其實想要處理一個心中的疑惑

葛林強烈批評克萊因對於負面移情的處理方式，他在《死亡母親》裡提出，某個案原本有愉快的童

年，但是母親的憂鬱，讓個案處於母親彷彿死亡的感受裡。這個案在他的移情裡，呈現出對分析師也如同他死去母親般的態度，如果分析師以負面移情來詮釋或者保持靜默，是無法讓個案能夠從精神分析裡獲益。

他提出，這個時候個案需要分析師的支持和同感，但是葛林的支持和同感是指什麼呢？他並未細談，但是我更好奇的是，假設克萊因提出的作法，是有她的臨床理由，而葛林的說法也的確有臨床上的說服力，那麼這是怎麼回事？兩者之間出現了什麼問題，讓這種爭議出現呢？

也許這是個公案，無法有一個明顯的答案，不過我是好奇這個現象，也一直在想，是否並非直接對雙方說法做出直接回應，而是另有其它象徵圖像作為比喻，可以讓我們一起來思索兩者的爭議裡隱含的意義？畢竟，在目前的臨床上，仍是隨時可見這種爭議，我們只是在有限的經驗裡選邊站？

或者另有其它的象徵，作為我們進一步思索這個現象和理論爭議的方向？我主張前述的古蹟保存的概念，是能夠在前述的爭議裡，有個新的思索平台空間，同時想像兩者的爭議，不在於決定要選哪一邊才對，但也不能只是鄉愿般說兩者都對，而是兩者之間，有其它的想像和象徵，讓我們進一步思索臨床所遭遇的複雜性。

我們面對個案的阻抗、防衛和移情時，不能只是空以幾個術語，如中立態度、分析態度、留有空間給對方等等方式處理，這像是拉著這些語詞去修行的味道，不是容易的事。至於保存古蹟的思索模式，至少可能讓一些相關的概念，被引來思索實作過程所發生的二三事。

　　但如何保護古蹟？是要完全保留下來，或是部分整修？要如何依著原樣整修，或者需要部分拆除，提供其它新的機能進來，讓古老殘跡能夠有更好的運用？這些都是變動中的知識和議論。光是如何整修，就得好好研究原來的材質是什麼。這些命題與我們談論要如何處理阻抗、防衛和移情時的想法，都有著了解它們的本質和內容的需要，除非我們已經很滿意我們對它們的了解。如果要再更細緻處理時，自然會涉及更多的想像和推測，否則只能流於「需要時間」、「需要等待」的說法。如果還有一些假設，就可以讓我們在等待時有其它的想像和觀察，這是頗重要的。

　　史泰勒（John Steiner）以「精神避難所」（psychic retreat）來描述個案退回到很原始的狀態或症狀裡，例如以精神病症狀作為避難所。但不論以避難所或古堡做比喻，後續的象徵聯想會很不同，不能以哪個對、哪個錯來想這些比喻，而是回到臨床現象來觀察兩個象徵所引發的後續想像，和對於處理的態度、技術的影響，作為考慮的焦點。

我是主張，避難所如果具有歷史感，也要被列進古蹟保存的概念。也許有人質疑，既然是問題所在，何以不是直接消除掉就好了，反而要去了解，甚至要保存它們呢？首先，要想的是心理課題的處理，果真能夠依照這個簡單邏輯，有問題就袪除，然後問題就解決了？

　　這不必然是實情，甚至是帶來更多的問題，一如佛洛伊德當年直覺以為，移情是對治療的妨礙，要如石頭般移開它們，以為這樣症狀就會好起了。臨床實情不是如此，才會回頭強調，觀察和處理移情的重要性。關於古堡保存的概念，可以說只是延續前述的臨床經驗，再以這個更具體化的概念，和我們診療室裡的實作經驗類比，看能否增加我們對於心智機制的謎題，有更多想像的空間？

　　語詞想要傳達原來的處境、意義及功能，但是力有未逮，或在某些地方又是說得過頭了，這使得語詞的翻譯本身，成為值得觀察的所在。以精神分析運動的傳播來說，可能在不同國家和文化情境裡，會造成爭議或產生有特色的基礎。

對防衛、阻抗和移情做個區分

　　防衛、阻抗和移情三者相互牽連交織、難分難捨，初步做個區分；先從我們的語言著手，雖然這些語詞的旁邊緊跟著原文，例如「潛意識（unconscious）」或

「無意識（unconscious）」，兩個中譯的原文是一樣的，因此不全然只以我們的語詞來理解，而是夾帶著對原文的了解。不過，這些翻譯語詞也有它們各自使用的情境，雖然兩者也有相疊的地方。

如果回到臨床實作，治療師說了一些話，不論是明顯的建議、隱微的暗示或只是如精神分析取向強調的「一個詮釋」，都是試著說出個案潛在的動機來減少阻抗，讓個案更能自由聯想。這涉及一個很重要的想像：個案說出來的故事或做出來的行動現象，到底是什麼？這是如同被挖掘出來沾滿泥土的殘片，需要小心處埋、保存、清理，才能看清楚。隨後而來的是，我們是依著已有的知識和新的猜測，去建構這些殘片的故事。

做為專業職人，在診療室聽到的故事和觀察的行為，常以為那已是很清楚的景象，是可以直接幫助我們形成某種判斷的基礎，殊不知這些故事和行為，是如同夢的「顯夢」材料，仍是種種防衛和移情暗暗處理過才會浮現的內容。如果直接就把這些素材當作是「歷史事實」來處理，會忽略了它其實是更接近「心理真實」的素材。

任何「心理真實」的素材，都有著如同夢的「顯夢」內容那般的性質，是取代和濃縮的機制妥協後的展現，是變裝後的種種分身，而不是大家期待的本尊。這也可以運用考古殘跡的材料來作為比較，想像

和了解這種比喻下，我們對於個案所呈現的症狀和故事，如果加上古蹟保存的概念，作為想像和處理的背景，那麼我們對於個案的故事和症狀，會有不同的假設，這會影響我們形成詮釋時的說詞，是值得進一步觀察和思考。那麼，防衛、阻抗和移情三者之間的關係是什麼呢？在我們的日常討論時，是常被拿出來混著使用，但是細想會有所不同。它們可以只用其中一個語詞來代表其它的嗎？

【防衛】

「防衛」是有敵手之意吧？是預設了有對手會施行攻擊，因此需要有所防衛。這個語詞乍看是處於守勢的「防」和「衛」，而不是主動式的攻擊，但也有「攻擊就是最好的防衛」的說法，不過這還是有所區分。在佛洛伊德和他女兒安娜，進一步談論「自我」的各式防衛機制後，似乎「自我」充當防衛的機制就被定型化了。

如果說，夢讓睡眠得以持續，也就是保護睡眠不被外在環境和內在衝突給吵醒，那麼夢也是一種防衛機制，所以研究夢的機制，也是思索防衛的重要一環。夢如何達成防衛的目的？有人傾向認為夢裡有一些參數，是讓我們想像人何以會改變和痊癒的因子和機制。這是比昂說，精神病人在分析過程裡，開始談夢時，事後會發現他們那時就已經在改變了。但這仍

是一個謎。

另外我主張，「分裂機制」的防衛是目前可見的精神分析文本裡，呈現的最原始的防衛；當「分裂機制」運作後，心理上就呈現了好壞、善惡、黑白等二分的世界。如果這些二分的世界，是各在一個獨立的地方，那麼在這種二分法的兩端，如何想出什麼整合或處理之道呢？

雖然有人以「如何整合」作為主要思考方向，或者以「精神分析是不必替個案思考，是否需要整合的問題」的觀點，主張只要分析就好。佛洛伊德則是假設，分析如同打斷分子結合的鍵，它會如化合物自尋出路找到結合的分子。不過，我提出「扁擔論」或「橋樑論」，來想像心理的原始機制運作時，有時反而需要的不是再出手來斷裂它們，而是如同在兩個籃子之間，需要拿根扁擔來擔起來；或者在兩個孤島之間建構橋樑，讓二分的兩端可以慢慢地互動交流。也許這是處理「分裂機制」這種原始如同精神病式的防衛時，我們所需要的工作策略。

【阻抗】

這個語詞被應用在臨床的過程，原本想要傳達的是個案起初來治療時，是有著要改變自己或解除症狀的期待，但只要進入治療流程後，何以結果卻不必然如此，這是怎麼回事？基於要傳達這種現象，作為進

一步思索的基礎，需要一個語詞來描述，因此「阻抗」這語詞在精神分析診療室裡出現，是有它的臨床經驗基礎。也就是，從診療室的觀察後發現，個案原本想要改變的動機，總是有某種相反力量存在著，並且這股力量和想要改變的動機，造成某種拉扯，呈現迷惘而停滯狀態。

臨床的發現是，個案並不自覺有這股相反的力量，也許他們會說是「有矛盾」，但是他們聽到矛盾時，並不必然將矛盾的內容，指向是否要改變的矛盾，而是矛盾著其它的事情。這股相反的力量，可以說是「阻抗」的原型力量，是會阻止治療變好的力量。因此就這點來說，阻抗和防衛，都是要保護自己，但有略微不同的後續想像。

【移情】

關於移情，是佛洛伊德在臨床上遭遇個案的阻抗後，所衍生出來的想法。在他分析朵拉之前，就有這個想法，但是在朵拉分析的失敗後，他後來出版該論文時，表示分析朵拉的失敗，是來自他忽略了朵拉對他的移情。

佛洛伊德分析朵拉的兩個夢，一個是涉及性的課題，另一個涉及死亡和破壞。意味著「移情」就是這兩者的交織，不過在朵拉的案例報告裡，並沒有如此明確的說法，後來也發現，無法如石頭般搬開移情，

個案就會更好更自由，因此只得好好正視觀察移情，了解移情的結構和處理的方式。精神分析的整部歷史，可以說就是圍繞著移情的概念，開始了豐富的文明史。

如果我們設想，移情是古蹟，是一座古老的城堡，人是生活在城堡裡，城堡作為家的所在，它需要抵抗外來侵略。這是針對外來的敵人，不過我們從精神分析取向來思索的話，我們更好奇的是，心裡起初認為敵人來自外在客體，但是有些問題聽久後，會浮現是個案的內在裡有一些敵人，是來自於自己。

這種常會產生的感受，我們要如何說明這種現象呢？如果敵人來自個案自己的內心，這是指什麼？指誰呢？若要顯示自己是個複雜多面向的成份，也就需要尋找一些名稱，來稱呼這些不同的自己。臨床經驗裡，有些個案對自己的多重部分，會給予不同的命名，有人說自己是多重人格，但這是個案的說法，從臨床經驗來說，是否多重人格，就看如何定義了。

不過，是可以了解到，的確有不同面向的自己存在著。也許佛洛伊德是為了說明，何以不是讓潛意識變成意識後，個案就會改變？他因此尋找其它現象，想要繼續說明何以會如此，也就是何以會有阻抗？是誰在操作而呈現出阻抗現象呢？

佛洛伊德從臨床現象裡，區分不同的我，有了自我、原我和監督者的分類，直到1923年在《原我和自

227

我》裡，才把「超我」的名字真正地定了下來。那麼是否自我、原我和超我，這三位不同的我，就足以說明個案內心裡的複雜矛盾？如果源於不同的我之間的矛盾衝突，這些相互之間的我，會被當成是相互的敵人嗎？如果是，如何抵抗並防衛自己呢？

只要讓自己更強壯就夠了嗎？是否需要建構一些防衛的系統呢？如同內在世界裡，建構出我們在外在環境裡看得到的，城堡式的層層防衛嗎？對於迷惘和人生的謎題，會有什麼樣的防衛模式呢？

我採用城堡模式來觀察和描繪潛意識世界裡的某種模樣，但這只是試圖以這種模式猜想和建構內在世界的某種方式而已，並非潛意識世界一定就是這般模樣。不過，添加了城堡的想法後，接下來會影響的是我們處理阻抗或移情時，如何想像處理古蹟的問題呢？如先前提過的，要把症狀或某些問題當作是古蹟，而且處理的策略不是直接拆除，而是需要引進古蹟保存的概念，來細緻處理臨床的過程；這種不必然是以拆除作為唯一必要手段的方式，和個案的需求是相違或相容呢？

我們不但不拆除被當作是問題的所在，甚至還要把那些當作是寶物般對待，雖然就臨床經驗來說，個案常是主述就是要拆掉某些問題和症狀，這種期待一直存在著，但實作過程裡，會發現某種很難說清楚的感覺，如果勉強要說，會覺得個案也很保護他的原本

問題和症狀。這種說法的確是有些勉強，因為如果直接說出這種感受，常遭受的是個案的反彈，至於如何反彈則反映者個案的某些心智狀態。

這是佛洛伊德在當年就指陳出來的現象，至今在我們的診療室裡也常出現類似的情況；不是全然要把症狀和問題拿掉，甚至不是說想把它們拿掉，就真的拿得掉，有可能反而更固著。我們還需要更多的想法和機制來說明這種現象，雖然已有「阻抗」作為代表詞，但有了代表詞並不是一切就清楚了。

再回應前述的想法。分析治療的過程裡，以古蹟城堡的模式，來想像個案對於症狀和問題的保護，如果要處理，是要對待這些古蹟如寶物般，這是什麼意思呢？可以分為兩方面來說，一是在態度上，以謹慎細緻來對待眼前的問題，至於這種態度和中立態度或分析態度之間的關係是什麼？這是另一個有趣的話題。二是在技術層面上，習慣的說法是以分析或中立的態度為基礎進行詮釋，這是以詮釋作為核心技藝而言，但是臨床經驗上，整個過程除了沈默和說話外，其實在兩人之間，還有很多其它言外之意的內容，不停地交流著，例如迷惘，而這些可能大部分是在詮釋之外，卻對分析的兩方都是重要的，也是撐住分析治療的重要部分。只是那是什麼？我們如何描述？

考古學家發現古蹟的事物後，要思考如何保存、如何清理現場、如何整理挖出來的器物、如何記錄丈

229

量、如何做那些量化的工作⋯⋯在前述的基礎上，後續再猜測和建構這些破碎器物的功能和歷史。仔細想想，在精神分析取向的診療室裡，形成某種詮釋前，我們到底做了什麼呢？這些說法也許是個參考的變數，讓我們能夠再對詮釋之外，其他的作為和態度有更多的想像和描繪，也讓什麼是分析的態度和中立的態度，有了參考點可以作為比對，並進行了解分析的態度裡，隱含了哪些複雜的內容。

我再進一步以古堡的比喻，來談治療師的詮釋所遭遇的某種場景。重新想像是一個小城，有石頭小屋或幾個大小城堡，想像人從很小就開始應付外在現實和內心裡的種種壓迫，防衛是種必要，一如國家的國防。我們需要設想，治療師所做的任何動作，包括支持或詮釋，都有可能像是外來的入侵者，總會先激起個案的內在阻抗。也就是，我們的詮釋，比較像是走進了處處是城堡和高牆的地方，我們的詮釋只能在外圍遊走，因為被層層的阻隔擋在外面。

我們說出的詮釋或者支持的行動，在城堡裡的走道上四處走動，想要找到願意開門和它們溝通的對象，這是設定我們的詮釋和行動，被我們說出來後，就成為獨立的存在，加上我們的目的是要溝通，但是當我們說「溝通」是指什麼呢？是什麼和什麼在溝通？或者我們的詮釋說出去後，如何發揮溝通的角色？目前我們大都只是判斷，可以說了，說出去後，

我們就耐心等待，等待個案哪天可以了解。

　　那些被我們說出去的話，像是被我們派遣出去的士兵和信使，它們會如何進行它們的任務呢？它們都是完全依照我們的意思行動嗎？或者後來它們也會自作主張，自行其是呢？當然還需要更多的想像，畢竟對於這些情況，我們所知仍是有限的。我們沒有理由滿足於目前的了解，而將這些細節歸諸於「等待」。

　　想著我們派遣出去的親善大使，它們被派出去後，我們就完全失去了掌握，甚至不知道他們會如何進行被交待的任務，這又會是什麼樣的情況呢？

悲傷的阿莎布魯
為了誤會自己的左腳
就一直往想要的方向走
只是
想要的和不想要的
常常相反
不過右腳
始終是無辜的

【劇本】

想忘的，一定要記得……

三個人的孤寂和迷惘

如果不夠小心，

會讓你們痛恨正在被壓迫的人，

同時手心呵護捧著正在施暴的壓迫者。

註：再寫進一些事，讓這種寫實稍失真，卻更有人性裡的荒謬和真實感。
（竟想不起來，是誰，在這裡寫下這個註。）

舞台：

　　不設定舞台的模樣，可在任何場所。

人物：

　　只有三個人（這不包括我啦）。

　　她是主角，不過要說她的媽媽是主角也可以，不然她的男友要闖出來當主角，這也是很平常的事，因此就說她們三人都是主角好了。

　　「她」，三十歲左右，平時做兼時工的工作，如果要固定職工作，反而很快就做不下去。不是兼職或正式員工制度的問題，而是她需要在兼職工的不固定裡，尋找那些被壓扁的自己的感覺。至於正式工職只讓她覺得，是一路扁到底，讓她覺得人生沒有希望。這是她和其他人不太一樣的地方。

　　「她男友」，比她小五歲，壯漢，原本做著正式職工，認識她後，隔天就辭去工作，要專心一致地照顧她，這樣子反過來，變成她要賺錢養著兩個人的新家。

　　「她媽媽」，十六歲時生下「她」後，就把她寄放在阿嬤家，直到她四歲，也就是她媽媽二十歲時，才將她從阿嬤家接回來一起住。沒有人真正知道，她媽媽靠什麼活下去，只能說有一口氣在。她媽媽一直活著，雖然一直很瘦削，永遠像個十六歲的女孩。

故事大綱：

「孤寂」難以直接描述——透過人們以奇特、怪誕，甚至不可思議的方式來慰藉孤寂時，才知道原來那裡有著迷惘。

很簡單的情節：她和她男友在吵架。她男友打電話找她媽媽過來，然後三人互吵成一團。他們爭吵時，會隨著和不同人對話而改變自己的故事和觀點，有時靠向這一方，有時靠向另一方，三人都如此。

就這樣，在吵架時牽扯出以前的故事，三人的歷史相互修改，後來就分不清原來的故事是什麼了。但是，只要他們其中一人休息後再介入，爭吵又會回到自己最原始版本的觀點，結果故事仍回到各自的原點。

當他們各自回家後，他們各自的故事，仍自動回到各自心中。

開場白：

（兩位女孩在幕後的說話聲，不見她們的身影，聽起來大約是十六七八歲的聲音。）

聲音一：你就告訴我，我的爸爸是誰就好了，一切就會好起來了，你幹嘛都不回答我，你死了喔，不回我半句話。

239

聲音二：你才死了呢，我活跳跳，你的爸爸是誰，不關我的事啦。

聲音一：你都說，那是你家的事。

聲音二：不然，是我的事喔，你長這麼大了，你懂這個嗎？

聲音一：這樣說，你像是我媽媽嗎？像嗎？

　　其實，一點也不好笑。

　　三個人可以把人生搞成這樣，搞什麼嘛，又不是當演員，就算人生如戲，也只是如戲啊，他們三人卻把人生做得像戲，但他們三人都不必演，只要過著日常生活。

　　我跟你坦白我納悶的是什麼，以免你們看的時候摸不著邊。

　　我是這麼想的，讓潛意識變成意識，讓失憶變成有記憶，或者回到以前的故事。知道生命早年的創傷故事，目前存在的問題就解決了嗎？稍有經驗的人早就知道，事實不是那麼單純。那麼，這些複雜是什麼呢？雖然這些複雜常被說成「想忘但忘不掉」；我常會聽到這種抱怨，並不是失憶，而是想忘掉，但「忘不掉」是什麼意思呢？或者「忘不掉」也有暗暗知道「失憶」的意思？因此是一種掙扎要的記憶？

序幕：

悲傷的阿莎布魯
站在陽光底下
低頭等待
北方四十五度角
那朵人模人樣的白雲
飄到頭頂時
聽到動人的故事
可以滴下肚臍深處的
一串淚珠

先不要管我是誰，一定要有我來說，你才聽得到這個故事，偏偏我不是個會說故事的人，也是常常不相信故事的人，因此總是覺得，故事一定有怪怪的地方，需要自己來填補。偏偏我填補的故事，不見得是她和他想聽的橋段，這不是很窘嗎？如果我在說這些別人以前的故事時，跳進去說三道四，好像我當時就在那裡，或者是他們現在就在我這裡搬演，不是很奇怪嗎？。雖然我不想讓說故事的公親變成事主，但你知道這是多麼困難的事啊！

幕拉開時：

聲音一：你根本不配做我的媽媽！

聲音二：哈，我才不想做你媽媽呢。要不是你一直叫我媽媽，我根本就不想要你，早就不想要你了。

聲音一：你還敢說，根本是不負責的媽媽。

聲音二：如果真的不負責任，你會長這麼大，還能夠現在大聲跟我嗆聲？

幕拉開後：

　　她和她媽媽，站在舞台中間，相互指控。只有手勢和身體動作，沒有她們的聲音。

　　（男聲從舞台後傳來）她們一定又在吵架了，我爸媽

當年愛吵架，也沒有像她們那麼誇張，真的太誇張了。

她男友從舞台後，慢慢走出，來到她和她媽媽的旁邊。

（男聲從舞台後傳來）老實說，我一直都有說老實話喔，我比較喜歡她（指向她媽媽），只是我先遇到她（指向她）。這是人生的無奈，唉，人生的無奈。我怎麼會這麼說呢？

（她男友看著舞台前方的遠方，她媽媽走到她男友旁邊，她男友沒看見她媽媽，她也仍維持著爭吵的手勢，好像她媽媽仍在原來的地方。）

她媽媽（看著她男友）：你看他長得多麼有活力啊！

她男友（看著前方不知她在旁）：她媽媽才是真正的靠山啊！能夠活到這年紀還像個少女。

她媽媽：你看他是有光明前途的小伙子啦，竟讓她（指向她）霸佔了，她根本就配不上他。

她男友：我只想躺在她媽媽的肚子上，過日子，什麼事也不用做，就可以是日子了。

悲傷的阿莎布魯
走路的時候總是慢半拍
為了能夠再撿起
剛剛掉落地上的心思
只因為一片雲飄過
就帶走了大半人生的風

第一幕
她男友獨白對她的觀點

她男友：真的不騙你，她是一個很敏感的人，和她一起會覺得很被照顧，就是常常有著，哇，她怎麼這麼屬害，就是知道我還沒有說出來的想法。

（她的聲音在背景裡）你不要這樣子，想要吃定我喔！

她男友：她相當貼心，什麼，你們對於我的形容，是覺得不妥當嗎？不然，你們怎麼笑了呢？什麼，你們沒有笑？怎麼可能，我在以前這麼說時，周遭的人都會大笑，說我是閉著眼睛在說話，根本沒有看清楚她。我還會因此和這些人爭吵，他們根本就不了解她，如果他們和我一樣，跟她這麼親密，身體貼著身體，你就知道，我說的一點都沒有作假。何況我何必作假，來讓自己惹上麻煩呢？

她：你就是吃定我，才敢這麼說的啊，笑話，你還敢說，我還笑不出來呢。

她男友：好吧，既然你們沒有笑，就表示你們是同意我的說法。這很重要，有你們的相信，會讓我更加相信，我和她能夠在一起，真的有天有地的護佑。現在，也有你們的加持了。什麼，有人不願加持，憑什

麼不願意呢？何必要這樣子，故意要分開我和她呢？我們可是在初見面時，就決定，這一輩子要在一起了。你不願加持就算了，就算了，你可不要在我和她中間，加油添醋喔。我一定會保護她的喔，什麼，大家都願意替我和她加持，嗯，算了，遲到來的，就不算是準時了。我才不會稀罕，這些阿里不達的支持。

她：是啊，這世界沒有任何人是可以相信的。

她男友：到目前，說支持我的，都是騙子，這世界只有兩種人，騙子和小偷。

她：還有第三種人啦，你忘了嗎？是那些當我們的垃圾桶的人。

她男友：喔，對了，還有另一種人。我比較有善意，我把他們當作願意聽我訴苦的人，我叫他們是貴人，只是她喜歡說，他們是垃圾桶。你們一定要知道，為什麼我剛剛只記得兩種人，因為第三種人常是我和她產生衝突的地方。平時，我們的衝突是很少很少的，如果有爭吵，也都是為了一些重要的原則問題。我和她，都是很重原則的人，我和她也都支持，每個人都要過著，有原則的日子，做個有原則的人。

她：屁啦，原則，什麼有原則，都嘛要聽你的，才是

有原則。

她男友：我和她還三不五時，為了到底是貴人或垃圾桶而大吵呢？我堅持他們是貴人，她堅持他們就是垃圾桶，說到最激動的時候，就會驚動了我們堅持的原則問題。我和她都為了原則問題而會出手呢！通常我只是手輕輕一揮，在她眼前，除非她自己湊上臉來，不然我一定不會打到她的臉。可不是我願意的，只是她每次就會怒氣地，把臉往前伸，到我前面來，硬要過來衝撞我的原則。為了守住我的原則，我只好不甘願地出手，要揮走她，但是她都說，我打她，根本不是這樣子，我怎麼會想要打她呢。

　　（我在背景裡說）她和她男友的恩愛聲裡，突然兩人吵起架來。當然啊，什麼是恩愛聲？可以有很多想像，甚至你會懷疑等一下要說的，她和他有可能恩愛嗎？如果她和他可以恩愛，又怎麼會發生，等一下要向各位說的這些故事呢？她和他已經對著全世界，宣稱他們是恩愛的，如果有人要跟他們吵，她和他一定結合得比任何時候都還要緊密，和你抵抗到底。就算你收回你的質疑，他們還是會覺得，你收回得不夠有誠意。這場仗依然還要繼續打下去，直到你被激起，繼續戰吧的鬥志後，對方就會突然說，算了，算了，

不想玩了。但是你還覺得，這一點也不是在玩，那有人是這樣玩的？這很傷神，反而你想要討回公道，你是被他們拋棄的人，站在那裡，對著空氣揮拳，讓人覺得你怎麼怪怪的。歹勢，我說得有些多呢，哈，真的歹勢。

她：屁啦，這些話，如果你是要對我說，我一句都聽不進去。

她男友：以前好像聽過有人說，我和她很恩愛，其實我並不是很喜歡這種說法。愛就是愛，哪有什麼恩不恩的，有什麼恩的愛？那一定不是真愛，雖然我並不是那麼相信，有真愛這種東西，但是她總是堅持，有真愛。

她媽媽：（突然動起來，不安的四處走。）天啊，她哪會知道什麼是愛，什麼是真愛？我都不曾愛過她，她怎麼會知道呢！

她男友：我想個例子吧，例如當我出門後，忘了帶零錢，我打電話給她，請她等一下有空，拿到什麼地方給我。她就堅持，這是我對她有真愛。我是搞不懂，我這通電話有什麼真愛，但是她可以舉證，例如當我在電話中說，她等一下有空，拿到某個地方。

她：你給了我太多真愛了，真的，我不知道為什麼，但你就是不相信我說的。

她男友：唉，我哪知道那就是真愛之類的。不過我不會為了這個和她爭吵，反正這個問題不會影響到我的原則問題，就順著她說的吧。我對她是有真愛，雖然我不知道這是什麼意思，只像學校讀書時，把答案背下來。問題不在於有真愛，真正麻煩的是，她覺得我不愛她時，才是可怕呢。我永遠搞不懂，既然她堅持我對她有真愛，是對她唯一有真愛的人，怎麼又會在不同時候，說我一點也不愛她？

她：從你的表情，我就知道，你一點也不愛我。

她男友：我可是吃足了苦頭呢！尤其當她說，我一點也不愛她時，我怎麼做都是錯的。就算我把她以前告訴我，我對她是真愛的話，再重說一百遍，也沒用。

她：不然，你把那些話，重說一百遍，我來聽聽看。

她男友：如果久久一次，在我說了一百遍後，她笑了出來，說那是跟我開玩笑的，我才通過她的嚴格考驗。我卻完全不知道，我是怎麼通過的？反正通過後，就很爽啊，我們就會做那件事啊，沒話說，她讓

我很愉快。我和她在一起，並不是為了這種愉快，這種愉快很難得，因此如果只為了這點，我早就待不住了。我和她可以這樣子密切，一定還有別的因素。

　　終於，讓我有機會說一說話。既然你說一定還有別的因素，到底有什麼事會是這樣子？也許很難相信，如果你一直過著幸福日子，你就不可能真的懂得這是怎麼回事？除非你真的很有意願，想要體會這是怎麼回事？怎麼有人這樣過著他們的日常？我也很好奇，甚至常常覺莫名其妙，明明是死路，卻偏向死巷裡走過去？帶著受傷的心情，走過來後，每個傷口都要說話，卻說得顛三倒四，這些傷口都搞不清楚，自己是怎麼回事呢？這就是傷口的故事。還努力要說話的傷口，你覺得能夠怎麼辦呢？如果你想叫它們，閉嘴，我保證你一定是失敗者，反而讓傷口開始得意起來，看著失敗者，在它們眼前，一副不知道該怎麼辦的神情。

她媽媽：（她媽媽不知何時就不見了）就是有我在啊，不然，哼，你和她早就分手了，你還不知要感謝我。

她：你一定不能太相信我媽媽，她就只想搞破壞，要不是我堅持，她早就把你掃地出門了。

她男友：你一定覺得我說這些，好像我是不必工作的樣子，是啊，我不知你是如何猜對的，自從我搬來和她住一起後，我就辭掉工作了。她說她可以養得起我，我最討厭聽到「養我」這兩個字，好像我是她的狗。我不討厭狗，但是要我當狗，我可不願意啊，她是善良的人，從她對待狗的態度看得出來。後來我是覺得，她的確還真是把我當作狗般的呵護，我不是善良的人，善不善良，對我並沒有意義。我不會為了追求善良而改變自己，你看，我的日子不是過得好好的，雖然有時候她會拿著碗丟向我，我知道那是她已經窮盡了一切的忍耐，才會這麼做。她都是這麼說，我也相信，我媽媽也常對我爸爸那麼說。

她媽媽：唉，多麼困難的事啊，生氣時不丟東西，那能做什麼呢，我不會丟向人啊。

她男友：還好，我很小就偷偷離家了，因此我爸媽對我的影響並不大，我是自己長大的人。

她媽媽：沒有人可以告訴我，我一定要怎麼做！

她：是啊，沒關係啦，反正會說話的，只有你是人。

她媽媽：你錯了，還有一個人也算是人。

她：算了吧，一定是那個人的悲哀。

她媽媽：你不要耍賴啦，你不把自己當作人，那是你的事。

她：是你，是你一直不把我當人看。

她媽媽：我不想跟你吵。

悲傷的阿莎布魯
一首詩在心頭上翻攪
有五六個字在作怪
每個字都伸長部首想要看見
遠方的故鄉
有一座缺水的湖在流浪
苦等失落的雨

第二幕
她媽媽獨白對她的觀點

她媽媽：哪有人出生下來就是這樣，不得人緣，每天只是愛哭，哭什麼啊，要被生下來就要好好面對，哭有什麼用啊！她還控訴我，說我不愛她，才讓她變成今天的模樣。我哪有那麼大的影響，就算有，我對她可是一點興趣也沒有，她卻一直糾纏著我，只是會哭。我為什麼一定要在哭的時候抱她呢？有誰這麼規定嗎？

她男友：（在舞台上後方的角落）她的麻煩可多呢！每天吃個不停，好像沒斷奶，吃一大堆後，又跑進廁所，把自己鎖在裡頭，不知道幹嘛？

她媽媽：我真的不了解，為什麼她一天要吃那麼多餐？我哪有時間顧那麼多啊，你們說說看，我說的對不對，你們一定要支持我。我可是被她折騰得日子都變得暗淡了！我原本可以發光過日子，她卻不斷地要暗淡我的生活，我真的想不透，怎麼有人只是要吃和睡，難道不能多醒一些時候嗎？醒著，不是比較好玩嗎？我有自己的日子要過啊，她不需要休息，我可要休息啊，難道不知道我有很多事情要做？我真的沒有地方可躲啊。

（我，只有聲音，好像是來自地下）哇哇，這位媽媽怎麼說得如此當然的模樣？難道什麼叫做「媽媽」，什麼是「媽媽」的本性，她都不知道？她是如此缺乏呢！我實在忍不住，在心中重複喊著，天啊，天啊，到底發生了什麼事啊？我竟然難以找出名稱，來形容我眼前這位媽媽啊？但我有責任要說她或數落她嗎？仔細想想，這不干我的事吧，我甚至相信，她女兒長大後，一定會以各種方式回報這位媽媽。我是在詛咒嗎？唉，我何必讓自己陷在這種人性糾葛裡呢？無論如何，這位媽媽的心態，不是我以責備的方式說她，她就會多想些什麼。

（沉默了幾秒後，我以低沉如自語般的方式說著……）

你也許會好奇，我到底是誰？我為什麼說這些事，我是不是只亂說一通，很不負責任的說了一些根本不可能發生的事，讓你納悶，然後我就走掉了？不管你心中是否還留著千百個疑問，我無法回答你所有的問題，我無能為力，我只是路過的人。但如果只是路過者，怎麼可能說得出那麼多細節？因此我也不完全像是路過的人。好了，好了，我不是主角，你不要偏差了視野往我這裡看。我如果上了舞台，也是隱身透明的人，

255

你千萬不要以為你看見的，就是我。雖然我不能
保證，我想要隱身就一定百分之百做得到。

她媽媽：（一副無辜狀地說）剛剛一定發生了什麼事，有
一陣充滿話語的風，從我頭上吹過，我只感覺到一股
壓力，奇大無比，難道我不能顧好我自己，再做其它
事嗎？如果我顧不好自己，我能照顧其他人嗎？這是
不可能的事啊！剛剛我突然陷在茫茫然的狀態，好像
自己離開了自己。你聽得懂我的意思嗎？自己離開了
自己，我常有這種感覺，但是我不懂這是什麼意思？
我從很小的時候就常如此，起初我不敢跟別人說，怕
有人會趁我不備時，對我做了什麼事。我終究走過來
了，但那種感覺就是存在著，我卻不懂那是什麼？

她：我最討厭她這個樣子，裝模作樣！她以為可以騙
自己，就可以騙我。我哪有那麼好騙，一次就算了，
還常常如此。有時候，她還問我，她是誰？她就是要
我叫她「媽媽」，我就不肯，我心中從來沒有媽媽，
就算有，也不是她。

她男友：唉，她和她媽媽，根本就是一個模子，但是
我比較喜歡她媽媽，至少她能夠撐到現在，算是活得
比較久啊！唉，無比的魅力，我還是不要多說了。

她媽媽：剛剛是怎麼回事啊？怎麼老是有人要插嘴說

話？難道我的話這麼有道理，讓大家勾起了很多想法，迫不及待要說話嗎？怎麼回事啊？有時候，有人跟我說，他們懂得我所說的，我會有心中一冷的感覺，想著，怎麼可能有人會聽得懂我所說的？我很難相信！光是要我相信他們說「懂我」的這件事，我就會立刻下判斷，眼前這個人一定是江湖郎中。我怎麼說到這些呢？唉，還是回到她身上吧。我真不知道，她為什麼要和我糾纏不清？我早就不想要她了，她根本就是不請自來的人。我的房間裡，沒有她躺在那裡佔個空間的餘地。甚至到現在，這麼大了，還不時來糾纏我，我還以為是要做什麼，但每次不論起頭是什麼好事或壞事，到最後一定會說，是我害她的，害她現在一直無法過著喜歡的日子。有時我還嘲笑她，隨時身邊有不同的男人，還說是自己不喜歡的日子？難道要我替她身邊的男人抱屈嗎？我當然不會這麼做，我才不管那些爛男人呢！他們都不是好東西，我只要用用就丟了。

　　唉，我很想替這位媽媽說些話！雖然我是聽不下去，她說的這些話實在太不可思議了，怎麼可能期待那麼小的女兒，可以做到她期待的模樣？可是我同時覺得，「魔幻」才是她生活的現實；我的不可思議，是她日常的真實。好像她要求的也不算多，要有尊嚴！要活下去！但一定要

257

這樣子嗎？這個疑問很強烈。經過腦海裡的風吹過後，不論我疑惑或同意，她還是都要靠著自己活下去。

她媽媽：我也是要有尊嚴，誰說我不能以自己的尊嚴方式活下去呢？

　　當她媽媽對我說，她女兒是怎麼樣的人時，我是一點也不相信，我更覺得那是她媽媽的自我介紹，但是她媽媽何以要向我介紹自己？她以談論她女兒的方式介紹自己呢！有時甚至覺得，她媽媽說到女兒的故事時，如果更換故事裡的主角，她媽媽就可以完全取代女兒的角色。

她媽媽：想起當初，是她自己跑了出來的，我生下她時，一點也不痛，她不值得我的身體付出疼痛的代價吧！她就這樣子跑了出來，我說不上是否來得及準備她的到來，她是自己來的，當然得自己走下去。她硬要叫我是她媽媽，哪有這種事，我不這麼想。她一直要叫我媽媽，我到現在都還不願意，如果我是她的媽媽，就變成當年是我拋棄她。我堅持不做她媽媽，我受不了她一直糾纏著我，到了年紀大一些，又說不需要我，不知去哪裡，直到後來又回來，要我收留她。我只是基於一點點同情心，這是我對她僅有的心。

258

她：我早就知道現在會這樣子了。從出生睜開眼睛後，就知道了！可不是你說的「比喻」，我那時候就真的知道這件事：我無法依靠媽媽。你問我以什麼方式知道，我無法回答，只能說我至今仍印象深刻，記得剛睜開眼睛時的想法，我注定要過著一個人的日子，就算媽媽在旁邊。她是我的累贅，反而變成我要照顧她，我才是她真正的媽媽，你不相信就算了，我就知道你聽不懂。

她媽媽：我只能一路往前走，我沒有夢想，只是往前走，腳趾接著腳跟。我甚至不知道，為什麼身體起初只是歪一點，後來就走向不知何方了。她是我一路的累贅，怎麼會有她這樣的人，不肯離開我！我算客氣了，仍默默養著她。原本她是要養自己的，她讓我在別人面前抬不起頭來。我曾把手舉得高高的，把她舉在半空中，我問，是否有人要她，不然她會從半空中掉下來。後來我沒有送走她，因為真的沒有人要她，這讓我太訝異了，竟然沒有人要她。我可憐她，將她輕輕放下，她應該記得這件事吧？這足以讓她一輩子都抬不起頭來，多丟臉的事，竟然沒有任何路人同情她。

　　天啊，天啊，我快受不了了。她媽媽到底在說什麼？一個人要活下去，一定要對另一個人這

樣子嗎？何況另一個人還是小孩子呢！我到底了解多少呢？她媽媽說了那麼多狠話，她到底是怎麼長大的？變成另一個大到可以和她媽媽對嗆的人。難道她媽媽是故意說狠話，但實情卻不是這樣嗎？她媽媽何以需要這樣呢？靠這些狠話來滋養什麼呢？為了眼前的尊嚴？或一路走來為了活著而形成的想法？就現實來說，反而讓她媽媽的尊嚴被貶低了，顯然地，她媽媽的心理是不同的。

她媽媽：我可不需要別人的同情，她一直跟我，也跟別人討同情的眼光。從這點就可以知道我和她的明顯差別。別人的同情使她變得更需要別人，問題是別人怎麼可能一直給你同情呢？我才不需要。

她：她就是一副可憐的樣子，好像全世界的人都欠她，我也欠她。我哪有欠她什麼，她根本不曾做我媽媽，不然哪有媽媽要女兒可憐她的呢？

她：我不想跟你吵。

她媽媽：我才不想跟你吵。

她：你不是我媽媽。

她媽媽：你根本不把我當作人，我也不想當你媽媽。

她：真是悲劇，被你生下來。

她媽媽：不是我想生的，也不知道生下的是你。

她：你又來了，老說這些。

她媽媽：是你想聽的，你老是逼我要這麼說，你才要罷休。

她：那是你的事，我才不想聽這些無聊事。

她媽媽：明明就是你想聽，你要證明我是個爛人。

‧‧‧‧‧‧‧‧‧‧

悲傷的阿莎布魯
早就忘記了一封信
寫給自己的寂寞
還沒有烙下標點符號
疑問著
何以戀人總是搶位置
讓即將失落的夕陽
眼睜睜見證黑暗的心
卻讓初昇的太陽
空等著自己的孤單

第三幕
她的獨白

她：每次看著天空，我就知道自己是憑空長大的。天
空會給我這種感覺，我是看著天空長大的！只要我出
到門外，抬頭就知道天空在那裡。起初只要起床，就
會覺得自己要死了，後來變成只要一起床，就覺得是
從死裡活過來，每天晚上都要再死一次，你懂我的意
思嗎？我可以生生死死，後來我覺得我不再又生又死
了，天空懂我，我從小就告訴它這些事，你們是不可
能懂的。如果你硬要說你懂我，只會讓我覺得你根本
毫無誠意，只靠著嘴巴活著。我還有媽媽，我從來不
叫她媽媽，我曾叫她那個人，那個女人，也曾叫她爛
人，或只會開張腿的人。她不知自己多麼髒，那種髒
是難以說明的，比這個世界上看得見的髒，都還要更
髒。她就是喜歡假裝自己是有尊嚴活著的人。

她男友：記得有一次，她趴在我身上，沒有穿衣服，
她問我，她是不是比那個女人還要性感？其實我覺得
她媽媽比她更性感，我當然知道我不能回答她這個問
題。但是我不想說出違背自己良心的話，我曾經被激
得回答：她媽媽比她成熟！我還是修飾過了，「性
感」這兩字，不是她和她媽媽的特色，雖然總是有性
的感覺。我不是那麼在意這些，我在意的是她或她媽
媽，誰比較喜歡我？

她：人世間最髒的話，是有人說我和媽媽很像。我的男友曾這麼說，我拿酒瓶丟向他，他竟然閃開了，讓我更生氣，他憑什麼這麼說。你相信有這樣的媽媽，對著我說，我以後只會在不同男人裡打滾，我痛恨她這個詛咒，很惡毒的咒語，我嘗試用各種方式擺脫，但是每次都失敗，每失敗一次，我就更痛恨她。

　　不知道現在就說這些話是否太早了？對你們旁觀者來說，如果真要你們入戲，我覺得是很殘忍的事。在她和她媽媽還在掙扎活著，還未走到終點前，說實在的，有些事讓人很難忍受！例如當她說著來自媽媽的詛咒，她在失敗時會很痛恨媽媽。實情卻是相反，日常生活有千百種情形，有些是她不在意的，有些是她在意的，通常她在意且覺得是重要的，而且堅持要做到才有尊嚴的事，都是她在成功的完成後，才是痛恨媽媽的開始。因為那些成功，才是她更貼近媽媽的地方，但是她如此想要遠離媽媽，而成功卻總是更貼近媽媽……唉，連我都覺得，我在旁邊說這些風涼話，是更殘忍的事呢！

她：唉，活著好累，但是必須活下去。我不知道為什麼一定要這樣，那些勸世警語更像提醒我，可以走了，不必為了生活如此折騰。是生活和以前常仰望的

天空，在折磨我，你們想想，連天空都讓我沒有容身之地，你能走去哪裡？只是如果要離開人世，我一定要將媽媽一起帶走，就算是最後一口氣，我也一定要比她晚斷氣。就算只晚一口氣或半口氣，我也心滿意足，那時候會是我這輩子最滿意的時候。我甚至覺得，這是我出生當刻，就替自己的人生定下的目標，我呼吸第一口空氣時，一起闖進我肺部裡的想法。每當我吸一口氣時，我都知道媽媽的存在，我一定要比她晚一口吐掉這個人生。後來我知道，她只覺得我是她的累贅，她甚至說，她和男人結合有了我時，根本沒有愉快，也不是為了愉快，而是為了要離開她的家。她為了離開她的家，硬把我生下來綁在她的家，又說我不是她要的。

她男友：太困難了，真的太困難了，她只是在天空的暗淡下，強行塗上一層薄薄的陽光。我不知道她從什麼地方，找到那層陽光，有辦法塗在這麼大片的天空上？也許我們的眼睛有偏限，讓我覺得是塗滿天空，而實情只是一小片的天空。我也不想管那麼多，在她面前，我只管想著，為什麼她老是說，我綁著她？我只要說，那就隨你啊，她就更反彈，說我根本不把她放在心上。我的心是什麼？唉，的確她說中了一些，但也只是一些，不是全部啊！我更喜歡她媽媽的活力，尤其是她媽媽對待她時的態度，我就學不來，她

265

媽媽可以在她耍賴時，對她說，你是多餘的，你不要再反抗這點了。乍聽是很令人生氣的話，卻總是可以再讓她有活力起來，我看不懂是怎麼回事？卻是常常這樣子發生。

她：我只是想要有更多的自由，就這樣子而已。你們應該不會覺得這是不該得的吧？但是男朋友竟在我媽媽的面前，說我是太依賴媽媽，還說我是自己衝往被綁住的方向走。他還說和我之間，他要的是自由，不要互相綁住的關係。只要他這麼說，我就會生氣，說他只是不想要我，才會提出這種想法。至少這種想法不應該由他來說吧！如果我提出來倒是可以接受，但他先說了，我就被拋棄了。我只淡淡對他說，你就走掉啊！他反而緊張起來，求我留下他，他不想要一人孤單過日子。你們看，這是誰不要自由啊？我才不管那種濫調，說什麼我不敢讓自己有真正的自由，這是鬼扯，只是在說風涼話。我這一輩子不缺別人的風涼話，我從小就一直聽媽媽說風涼話，每句話都不曾有過溫暖的感覺。她一直要我叫她媽媽，害我因此無法拋棄媽媽的叫法，這麼叫是最直接，但也最沒有感覺，我曾改叫其它的，例如爛女人、妓女、那個人，後來發現叫她這些詞語時，反而要多想一下這是誰，要更花力氣！如果叫媽媽是最省力的，不必再花力氣去想這是什麼？因此這兩個字被說出來時，就更像是

風，或者是我的風涼話。

　　換我來說說風涼話吧。我原本是需要唱一首歌，才會像是認真說有意義故事的人，但我五音不全，你就原諒我吧！反正重點不在於，我是不是能唱出驚天動地或溫柔動人的歌，而是以下的故事，你聽了以後，一定會覺得很悲傷，如果你想要笑出來，一定是你還不敢真正的悲傷。原諒我說得這麼決然，除非你真的完全知道，人和人之間什麼是恩愛。唉，我怎麼覺得他們三人是掙扎著要做不一樣的人，卻愈來愈像同樣的人，雖然會有不同的故事，但都只是片斷的說法，它們之間被一個疑問連在一起，那就是，他們怎麼會那麼像？而偏偏他們最忌諱一樣，唉，人啊，人啊，我要怎麼唱這種歌呢？

她：奇怪，怎麼有人在唱歌呢？就在耳旁不遠的地方，一定是什麼無聊男子，才會幹這種奇怪的事。也不知是怎麼樣，就是常有這種人在我旁邊唱歌，跟我示好。現在的男友就是這樣認識的，有不少是爛男人，都被我拒絕了。我只要和他們接吻，就馬上知道，他們是不是爛男人了。有時候，要上了床，才知他們是爛人。我是這樣子認識了人性，我才不相信嘴巴說出來的大道理呢！那些話都只是空氣，只要舌頭

267

對著舌頭，就全了解了。你要我說清楚，是如何判斷，唉，不可能說清楚，因為說出來的都是空氣，只要嚐一下，馬上見真章。

她男友：唉，到底要什麼呢？認識她之後，也沒有什麼大道理，只記得她曾這麼說，「不要多說花言巧語，說你有多愛我，那些話，一個字，都進不了我的耳朵。」她強調只要抱一下，吻一下，不然再上個床，就一切都了解了。我還曾經笑她，這是神農氏嚐百草，她哈哈大笑，但是我說這更像是個小孩子，看見地上的任何東西，都要往嘴巴裡塞，才知道這是什麼。她聽到我這麼說，馬上變臉，將我的手機摔在地上，直到我把她壓制在床上，她才平靜下來。

　　（我想著）人生像一句早就被別人寫好的句子，她只是照著句子的內容活下去，頂多加一些頓號，或者在句點的地方，多停留駐足，好像不再往前走了。不久又啟程，往句子裡走下去，活著句子的意義，最困難的是，最後句點時會發生什麼事呢？那裡是地球的最末端，垂直的掉落下去？我一直是這麼相信的喔！我要說什麼，怎麼忘記了？一定是很重要的話，嗯，我需要想一下。嗯，也許我要說的是，我相信人真的不簡單，哈，這句話如此平常，需要我這麼慎重的說

嗎？平常事說得這麼慎重，表示其中必有緣故吧！

她媽媽：反正，如果我是爛人，你就是更爛的人。

她：我是爛啊，又怎樣，干你什麼事。

她媽媽：是跟我無關啊！

她：要跟你相比，我才覺得更爛呢！

她媽媽：唉，只是一張嘴巴。

她：懶得跟你相比，那是侮辱我。

她媽媽：你只是嘴巴說說，我不會跟你計較。

她：你才愛計較，讓我在別人面前無法抬起頭。

她媽媽：如果我認真聽你說話，一定會走入迷宮。

她：你的話是一坨爛泥，弄髒我。

悲傷阿莎布魯

苦苦守著不能被說是苦澀的人生

卻無意中吐露了一大碗心酸

那麼苦澀和心酸

相互認識嗎

微聳的肩膀默默

說出了沒有明天的答案

誰在意裸露的心頭

需要多少人生的調味料

才能熬出那碗心酸呢

第四幕

她和男友爭吵後，她男友打電話要叫她媽媽來評理。
在電話中，她和媽媽爭吵，她男友一旁和她爭議插
嘴。

舞台背景是天空的雲，慢慢動的雲。背景聲音是有男
人輕聲讀誦，舊約聖經第一卷創世紀。

她：（從男友手中搶來手機）你不要過來。

她男友：（在一旁要搶回手機）你不要再鬧了。

她：是誰在鬧啊，明明是你惹起的。

她男友：你又來了，有完沒完啊。（伸手搶手機）

她媽媽：（從手機另一端）你們再鬧吧，跟我無關，不要
把我拖下水。

她：什麼拖你下水，這是他要打給你，我才懶得理
你。

她媽媽：是啊，那就掛掉電話啊。

她：為什麼要掛掉電話，為什麼要聽你的？

她媽媽：那，你要怎麼？

她：沒有要怎樣。
（沈默對峙中，她男友搶來手機。）

她男友：你還是盡快過來，她已經鬧整個晚上了。

她：（在旁吵）什麼鬧整晚了，還不是你搞出來的。

她媽媽：不要管她，她就是這樣子。

她：（對著男友手中的手機大喊）你才這樣呢！莫名其妙。

她媽媽：我不想管你們的事啦。

她男友：這是你們的事，不是我的事。

她：是你的事。（不確定是指她媽媽或她男友？）

她男友：（對她媽媽）她就是說，我為什麼對你那麼好，說我對你是和顏悅色。

她：都是你搞出來的。

她男友：你聽她就這樣子。

她媽媽：又不是第一次，不要給我添麻煩啦。

她男友：怎麼說給你添麻煩，這是你們的事，我不想管。

她：（站著遠遠的低聲喃喃）都是你們害的，我這麼愛你。（不知對象是指誰？）

她男友：你聽，她還在說這麼愛我。

她媽媽：（對她男友）這是你的事啊，她愛你，恭喜你喔，你是打電話來向我示威嗎？

她：（對她男友）你找她向我示威嗎？

她男友：你這是什麼意思？（無助地說，同時對她和她媽媽。）

她媽媽：不要以為我不知道，你在搞什麼鬼喔。（溫暖的口氣）

她男友：我不搞鬼，是你。（溫和口氣）

她媽媽：唉，都可以啦，你和我都是一樣的。

她男友：（對她媽媽）你過來一下嘛，一下子就好了。

她：（坐在地上）你幹嘛找她來向我示威，你幹嘛這麼做。（沈思狀）

她男友：你過來一下嘛，我等你喔。

她媽媽：你等我......嗯......我考慮一下。

她男友：你過來一下嘛，不然我受不了她，整天疑東疑西，說我和你搞曖昧。

她媽媽：不要管她啦，她就是這樣子，不要理她就好了。

她：（站起身來對著觀眾說）什麼，不要理我好了。我就是被你整得變成這樣子，要不是你，我怎麼會是今天這等模樣？不行，我不要聽你的。（快速走向她男友，伸手要再搶手機。）我才不要聽你的，你快過來，你快給我死過來，你死了也要死過來。

她男友：（用手揮開她，並生氣對著她說。）你不要再鬧了，鬧夠了沒，她就要過來了，你還要鬧什麼？你不是說要對質嗎？她就要過來了（轉身對著電話溫和說），過來吧，我等你過來喔。不然，我快受不了。

她媽媽：好吧，我盡快趕過去，我穿什麼過去比較好？

她：你只在意你要穿什麼，我都會把你穿的，撕成碎片，你不要裝了。

她男友：你在亂扯什麼啦，不是你要她過來評評理的嗎？我都依照你的意思做了，你到底要怎樣？

她：我是要她來，她來了，就露出馬尾巴了。你只要看她，是不是穿得像個少女，你就知道她在做什麼。

她媽媽：好，我就過去，你這麼說，我就依照你說的做。這樣子，如你的心意了吧，你可不要怪我。

她男友：快過來啊，我快受不了。

她：她就是要來把我比評下去，她才會甘願。不然三更半夜，她幹嘛來，她就是要來看我的笑話。

她媽媽：我只做自己，才不屑和你比評，和你有什麼好比的，如果要比的話，那是我過得比你好，不行嗎？

她：（起初無力狀，很快就逞強起來。）你⋯⋯唉⋯⋯我怎麼會是⋯⋯不管啦，你就過來，是我要你過來的。

她媽媽：我才不管你，我要不要去，跟你無關。（顯露反悔不想來了）

她男友：拜託啦，你不要管她啦，快過來吧，我快受不了。（語帶曖昧）

她媽媽：好吧，我就過去。

她：你不要過來了，不要過來，（無力狀）我怎麼會叫她媽媽呢？

她男友：她本來就是你媽媽，她比你還有活力，讓人有年輕起來感覺。

她：我讓你變老了嗎？

她媽媽：不要管她，我就過去，她就是這樣不可理喻。

她男友：趕快過來了，我在等你。

她：是你在等她，不是我等她。她根本不必來，她來了，只會破壞你我的感情，你不知道我有多愛你？

她媽媽：我偏偏要看，你能把我趕走嗎？你趕不走我。

她：你來只會弄髒我家，我才不要你來。

她男友：就是你要我找她來的，你怎麼顛三倒四？

她：你才顛三倒四呢！我哪有說要找她來，我只是說，你要和她對質，你是不是偷偷愛她？

她媽媽：我不會上你的當，回答你這個蠢問題，我要做什麼，不用你管。

她：你看，她就是這樣子，硬要來搶我的東西。

她媽媽：你一無所有，你有什麼好搶的，你有的，我都有，而我有的更好，你看看你的身材，瘦弱得根本沒有女人樣。

她：都被你搶走了，你憑什麼有那種乳房，早知道，我當初就把它咬爛。

她媽媽：我才不會這麼笨，讓你咬我那裡，我根本就不讓你碰我那裡。

她：哼，你就是這樣，還敢跟我討人情，說你為了我，受了多少拖累。

她媽媽：我就知道你是這樣的人，早就把你隔得遠遠的，只可惜，當時就是找不到別人要你。

她：你還好意思這麼說，我就是自己長大了，你想怎樣？

她男友：好了，好了，別囉嗦了啦。

她媽媽：她真不可思議，我就過去，不管她怎麼說，我去定了，你等我。
（她男友關掉手機）

她：（低沈喃喃）我知道她就只是要來搶走我的東西，我知道她就是這樣。

她男友：你少發神經了，這裡沒有東西啦。

她：她就是硬要來搶走我的東西。

她男友：這裡沒有東西啦。

她：她要來把你搶走了，我叫你打電話，只是測試你。

她男友：測試我？你少來了，你是故意要我親近她，我是被你逼得要親近她。

她：是你想親近她。

她男友：才不是，你就是這樣不可理喻。

她：我早就知道你會這樣。

她男友：什麼你早就知道會這樣，你不是算命仙仔。

她：我早就知道會這樣子，從第一天，你來找我，我就知道了。

她男友：莫名其妙。

她：我早就知道了，一直要趕走你，不讓這事發生，卻一直趕不走你，你硬要留下來。

她男友：是你要我留下來，不然我早走了。

她：是你硬要留下來，要讓她來搶走你。

她男友：我不是東西，我有腳，可以來來去去。

她：你來，只是要離開我，早就知道，你來就是會這樣。

她男友：我不想跟你鬼打牆。

她：你走吧。

她男友：我才不走，我不會你要我走就走，你要我留就留，我自己有腳。

她：那你就留著吧，等一下證明，你不愛她。

她男友：你莫名其妙，你幹嘛不像她，至少像個活著的女人。

她：（拉高喉嚨）什麼意思，你什麼意思？

　　她和男友的爭吵聲充塞在下幕的舞台上。兩人互問，你是什麼意思？好像兩人都想知道為什麼，是什麼意思，卻始終不是在那可以知道是什麼意思的舞台上。

悲傷的阿莎布魯
一心一意
想要爬上自己名字的頂端
那裡有他還不知道的昨天
需要的不再是故事
是坐在自己名字的頭上
看著雲時
不知自己會是什麼模樣
為了雲
他已經修改了至少五次
說午安的不同方式

第五幕

　　三人在她家裡互吵的過程。

　　兩兩捉對，另一人插嘴，三人爭吵的說法是矛盾的，例如她媽媽對於她和她男友的不同態度，有時相反，也就是對她有時是負面，傾向站在她男友這邊，有時反過來站在她這邊和她男友爭吵。

　　話題愈扯愈遠，提到以前三人的互動記憶。三人也莫名地談及自己早年的記憶，吵得很大聲，結果愈吵愈孤獨——吵架不是為了要在一起，而是為了孤獨。

　　一切都是為了要孤獨，在爭吵裡，浪漫美化了孤獨，卻愈遠離了浪漫，只留下一堆苦，不知如何說。

　　舞台背景上是幻燈片，播放著特寫，女人纖細的手，拿著毛筆在紙上，一字一字，優美地抄寫著金剛經。

（外頭有大雨，她媽媽走進來後，將傘直接往地上放，再慢慢脫下她的大衣，平放在沙發上。）

她媽媽：怎麼連個像樣，可以放大衣的地方都沒有？

她：這不是你的地方。

她男友：就放那裡吧。

（她媽媽脫掉大衣後，露出傲人的身材，對比於她的削瘦。）

她：（對著媽媽和男友）你們為什麼不先相抱一下？

（男友往前一步，媽媽卻伸出右手，在半空，要他不要那麼急。）

她媽媽：（微笑）不要急，我們有的是時間，未來是很長的時間。

她：可不要來這裡做生意。

她媽媽：你一出生就是要來惹怒我的，我不跟你糾纏。

她：是你硬要來糾纏我。

她男友：就算是我找她來的好了。

她：你終於露出馬腳了，我早就知道，你會這樣子。

她媽媽：你不可能什麼都知道。

她：我就是早就知道，你會這樣糾纏我。

她媽媽：你們到底在吵什麼，把我也牽扯進去。

她：你問他啊。（她手指向男友）

她媽媽：不是你要我來的嗎？

她：我一點也不想你來這裡，破壞我的一切。

她男友：是這樣子，她就是一直⋯⋯

她：（她插話）我怎麼一直，是你一直，好不好。

她媽媽：你不要插嘴，我才正要和他，好好談一下。

她男友：是啊，是要好好談一下，是你們的問題。

她媽媽：（對她男友）我來了，就是你和我的問題了，跟她無關。

她：是啊，最好跟我無關。

她男友：是跟我無關，我只是被你牽扯進來。

她：你少無辜了，還不都是你引起的。

她男友：你說說看啊，到底我引起了什麼，一直都是你，要演我跟著陪你。

她媽媽：我就跟你們一起演好了。（故作輕鬆）

她：你們早就串通好了，要一起演什麼給我看，你們

就演吧。

她媽媽：（刻意走向她男友）那你就熱情擁抱我，當作歡迎我來這裡，一起陪她演好了。

（她男友看向她，她故意盯著她媽媽。）

她：你去啊。

（她男友故意地往前走，跟她媽媽擁抱，她媽媽也刻意用力地抱著他。）

她媽媽：哇，真舒服。

她：又不是妓女。

她男友：很舒服，不是妓女，我不找妓女。

她媽媽：唉，不要管她，她只會鬧脾氣。

她：（向著觀眾）你們看見了吧，他們就是這樣子，根本不把我放在眼裡。

她媽媽：我就是要把自己放進你眼裡。（作勢更抱緊她男友）

她男友：這不是你說的嗎？你說你要看看我抱她的樣子。

她：我哪有這樣說。

她男友：你說了又否認，你到底要怎麼？

她媽媽：她出生時就是這樣子了，從來沒有改變過。

她：我不吵你。

她男友：你到底要什麼嘛？

她：你轉過身來。
（她男友捨不得鬆開轉向她）

她：你自己看一下你的褲襠裡吧。

她男友：很自然的反應啊，誰叫你要我一定要抱著
她。

她媽媽：不要鬧，你只是應她的要求才抱我。

（她媽媽走向沙發，要拿自己的大衣，她走向她媽媽，要阻止她
媽媽離開。）

她：怎麼了，還沒開始就要離開了？

她男友：（面向她媽媽）你到底怎麼了啦，依她的要求
有什麼關係嗎？

她媽媽：我才不要你依著她的要求來抱我。

她：你不是一直都要男人抱嗎？

她男友：（面向她媽媽）你怎麼了，這樣就鬧脾氣，大家都在這裡了，不要把歡樂弄得像喪禮。

她媽媽：你不要搞錯，如果你要抱我，我很樂意，但是你是依她的要求，我覺得你很髒。

她：是啊，他本來就很髒，跟你差不多，有得比。

她男友：（對著她媽媽）我不髒，你髒嗎？

她媽媽：你憑什麼對我這樣說話，你不看一下，你褲襠裡發生了什麼事嗎？

她男友：這是我的事，不關你的事。

她媽媽：還不關我的事，我們都不是瞎眼的人。

她男友：是我看錯了，我還以為你是要來幫助我們。

她媽媽：我幹嘛幫你們的忙，她不是說了，她只是要測試你，我能幫什麼？

她：是啊，一下子就見底了，根本就是藏不住的髒。

她男友：（面向她）你到底想要幹嘛，都依你的說法做了，你還不滿意，你不是說如果我抱她時（看向她媽

287

媽）沒有反應，那就表示我也不會愛你（仍看著她媽媽）。

她：我不是那麼說的，是你自己要那麼做的。

她男友：明明你這麼說，一字不差。

她：我可沒有叫你抱那麼緊，抱那麼久，你知道你們剛剛做了什麼嗎？

她媽媽：我就是想抱他啊，怎麼樣？

她：不要以為你這樣說，我就以為你只是一時的故意，而不是心思早如此。

她媽媽：你少鬼扯了，你故意把我牽扯進來，以為這樣可以羞辱我，我才不管呢。

她男友：你們的老戲，自己演，不要把我扯進來，卻又不管我，把我丟一旁。

她：是你自己要的，我可是無法管到你，你不是常叫我，不要管你嗎？我不管啊，你繼續抱她啊。

她媽媽：（走向他，伸手要再抱他。）我們就再抱緊一點，如果你想吻我，也可以。

她男友：我可不想演這無聊戲碼。

她媽媽：不然你要怎樣嘛，我可不會服侍別人，都是別人服侍我。

她男友：也都是別人服侍我。

她媽媽：不要就算了（轉向她），這種男人不可靠，說話顛三倒四，電話中還對我甜言蜜語，引誘我來這裡。

她：他那有甜言蜜語，我都在場聽到的，可沒有啦，是你自作多情。

她媽媽：（向她男友）你自己說，你有沒有甜言蜜語？

她男友：我才不需要對你甜言蜜語呢，你來這裡到底要做什麼啊？

她：（向她媽媽）你不要再往自己臉上貼金了，很難看的場面，（轉向男友）是不是很難看啊，哪有人自作多情到這種地步？

她媽媽：（向她男友）你說說看，我到底是不是自作多情？

她：他不是說了嗎，你何必強逼人呢。

她男友：（對她）你不要道三說四了，她沒有逼我。

她：你怎麼變得這麼快！

她男友：我從頭到尾都一樣（轉向她媽媽），她實在不可理喻，好吧，我們再抱緊一點，看看會發生什麼事，才知她到底要測試什麼？

她媽媽：你不要過來，我才不理你這套，你要玩我，我可不要。

她：他玩不了你的啦，你是經驗豐富的人，他還很嫩啦。

她媽媽：那我們就來抱吧，讓我玩玩你。

她男友：好吧，就只是玩玩，好玩吧了。
（兩人緊抱，她站在一旁看著他們。）

她：（對著觀眾）在我面前都這樣子了，不在我面前時，那還得了。

她男友：（低聲問她媽媽）你有感覺嗎？

她媽媽：沒有！

她男友：我有嘿。

她媽媽：那是你的事。

她：終於知道是誰的問題了，就是你（指向男友），就是你，都是你惹起來的。

她媽媽：看來是這樣子，一副要把我吞下去的模樣，我可不會在別人面前做那事。

她：是他的問題，我知道了。

她男友：我的問題，屁啦，是你們的問題。（他更緊抱她媽媽，還要親吻她媽媽的嘴，但是她媽媽拒絕。）

她媽媽：你怎麼啦，不會克制一下嗎，猴急什麼，以後時間還很長。

她：就是他惹起的問題。

她男友：是怎麼了，你們兩人到底在玩什麼把戲？

她媽媽：我不玩把戲，是你在玩什麼把戲，把我引誘來這裡，再羞辱我。

她男友：明明是你要這些。

她媽媽：她是對的，你是爛人。

她：（向著男友）你看連這個爛人都說你也是爛人了，

我可沒看錯眼，從一開始，我就沒看錯眼了。

（她得意表情，一切都如她最早的想法發生了。）

她男友：你不要這樣玩我，我不接受。

她：好啦，好啦，沒關係啦，不要計較嘛，就是這樣子了，只要印象定下來，就不會改變印象了。

她男友：好吧，就這樣子。（他走向她，抱緊她。）

她媽媽：你們在演什麼？

她：我們不是在演，我們是在過日子。

她媽媽：真是爛人。

她男友：不要再說髒話。

她媽媽：就是爛人，就是爛人，怎麼樣，不爽嗎？

她：好吧，我終於想到解決方式了，給你們兩個人，在我房間半小時，關起門，隨便你們要做什麼。

她男友：然後呢？

她媽媽：是啊，然後呢？

她：然後，你們兩人都離開這裡，永遠，不准再回來。

她媽媽：你這麼做已經很多次了，我不需要你替我這樣子介紹男人，尤其是在你用過之後。

（燈光漸暗下來，直到全暗，只剩下背景裡的影帶裡，那隻手仍持續寫著金剛經，約三分鐘後，影帶暗掉，舞台全暗。）

她媽媽：不要那麼猴急啦，天亮後，再來。

劇終

｜跋

　　感謝李俊毅、李芝綺、劉玉文、詹婉鈺、陳昌偉、陳瑞慶等的序文，讓本書顯現了不同的讀法。感謝「無境文化」的編輯游雅玲、校訂葉翠香和封面設計楊啟巽。

　　廢人三部曲就在「迷惘」裡，暫時作結，再往另一個方向前進。出版這本書時，【薩所羅蘭】已經成立，作為推廣精神分析理念的某種方式，如同寫書是有著溝通的目的，只是我執意地以自己最喜歡，覺得最能說出自己經驗的方式來書寫。對於讀者來說，可能需要比較費力閱讀，我不是刻意要如此，但有著執意說著自己的話的堅持。我還無法知道以【薩所羅蘭】和年輕朋友一起合作，會對我帶來什麼影響和轉變？我是充滿著好奇的心情。

　　我心中深信，只要精神分析在台灣持續發展，我這系列書勢必就不會再如此難以閱讀，畢竟我只是以自己喜歡的方式，來描繪臨床工作裡的思索和感受。因此，我寧願說，自己的文字是臨床工作的結晶，而不是理論閱讀的成果。從佛洛伊德時代，就一直存在著一個課題：什麼方式是體會和了解精神分析的最佳

方式？對我來說毫無疑問的，會說是親臨精神分析或心理治療的診療室，進行個人分析或心理治療。不過，我也主張，就算其它不是一百分的方式，並不表示那是無用或不需要的，畢竟從佛洛伊德時代，就是從其它學門取來不少語彙和概念，來描述他在深度心理學的經驗。

就算精神分析在實務上，經歷一百多年的考驗，從其它學門取來了不少的術語，仍有其重要的位置，例如伊底帕斯王的故事。不過在臨床上，仍需要更多的語彙和故事來說明臨床經驗，尤其是，如果我們希望，得以更細緻地豐富我們的心理地圖，就更需要再持續和其它學門對話，來擴大精神分析的想像。

因此如何和社會、和其它學門對話，仍是值得深思和實踐的方向。這也是我在【薩所羅蘭】裡要向一起合作的年輕朋友們學習的地方──如何找出更多語言，能夠跟社會溝通。我相信假以時日，我們是會慢慢摸索出一些方式，我也相信這些摸索，除了有助於大眾了解精神分析外，也有助於精神分析能夠持續深植在日常生活和文化裡。我個人的書寫，仍是以每半年出版一本書的方向，雖然在我自己的書裡，我仍會依著自己喜歡的方式來說話。

「但是，真心想著，未來三本書的名字和內容。雖然文字，只能一字一字，爬出來，歹勢的表情，剛剛在暗處，做了苟且偷生的事。而且，每個字，堅持

守本份，不亂插隊，耐心等候，前一個字喘息後坐定下來......」這是替《廢人三部曲》寫的廣告語吧，如果未來再有什麼三部曲之類的，可能是《性學三部曲》吧？會有不同於目前的觀點，我是這麼想的，不過或許是很長的時間之後了。我依著半年一書的速度，穩定走下去，但先是由其它的主題出發......

感謝各位讀者陪伴我，在我這些充滿不確定的文字裡，想像著難以說清楚的所在。

最後，感謝陳瑞君心理師、陳瑞慶心理師和陳建佑醫師接受我邀請，回應《七彩虹光想念媽媽，想用一道白光看見真實母親》。感謝周仁宇醫師在我定稿《靠山：一通電話裡，empathy的心智地圖能吞下多少茫然？》前，再度仔細增添Winnicott譯文內容，讓文章的對話更加生動。感謝魏與晟心理師、許瑞琳醫師和劉玉文心理師接受我邀請，回應《伊底帕斯情結與餓鬼道：精神分析與文學或宗教對話的後設想像》。

廢人心理學三部曲【第三部】廢人與迷惘

爲什麼古老故事如夢魘般讓我受苦？

作　　者 ｜ 蔡榮裕
執行編輯 ｜ 游雅玲
校　　稿 ｜ 葉翠香
封面設計 ｜ 楊啓巽
版面設計 ｜ 荷米斯廣告設計有限公司
印　　刷 ｜ 侑旅印刷事業股份有限公司
出　　版 ｜ Utopie無境文化事業股份有限公司
地　　址 ｜ 802高雄市苓雅區中正一路120號7樓之1
電　　話 ｜ 07-3987336
E - m a i l ｜ edition.utopie@gmail.com
初　　版 ｜ 2021年 3月
I S B N ｜ 978-986-06019-2-3

定　　價 ｜ 400 元

國家圖書館出版品預行編目（CIP）資料

爲什麼古老故事如夢魘般讓我受苦？ ／ 蔡榮裕著. -- 初版.--高雄市:無境文化事業股份有限公司,
2021.03 面 ；公分. -- （廢人心理學三部曲.第三部.廢人與迷惘）ISBN 978-986-06019-2-3(平裝)
1.精神分析 2.心理治療　175.7　110002639